BIBLIOTHÈQUE DES ÉCOLES ET DES FAMILLES

ERNEST MENAULT

SUGER

PARIS
LIBRAIRIE HACHETTE ET Cie
79, BOULEVARD SAINT-GERMAIN, 79

SUGER

Imprimeries réunies, B.

BIBLIOTHÈQUE

DES ÉCOLES ET DES FAMILLES

SUGER

AGRICULTEUR, ABBÉ DE SAINT-DENIS
COLONISATEUR, FONDATEUR DE VILLES NEUVES
MINISTRE, RÉGENT DE FRANCE
PÈRE DE LA PATRIE

PAR

ERNEST **MENAULT**

Inspecteur de l'agriculture, Rédacteur agricole du *Journal officiel*,
Membre du conseil général de Seine-et-Oise, Maire d'Angerville.

> Ce n'est pas seulement du blé qui sort de la terre cultivée, c'est la civilisation tout entière.
> LAMARTINE.

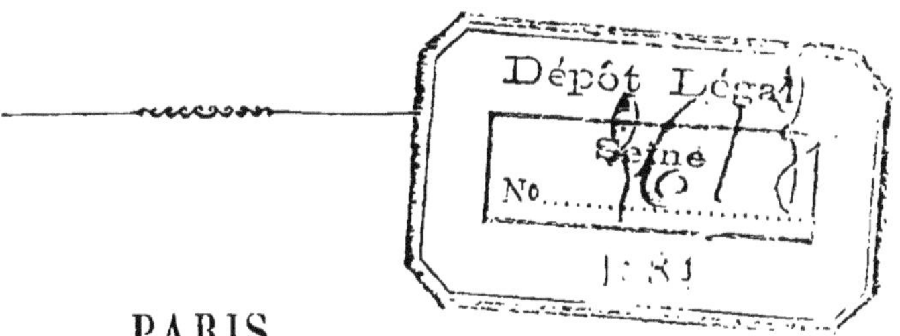

PARIS

LIBRAIRIE HACHETTE ET Cie

79, BOULEVARD SAINT-GERMAIN, 79

1884

A

M. Eugène TISSERAND

DIRECTEUR DE L'AGRICULTURE, CONSEILLER D'ÉTAT,
INSPECTEUR DE L'AGRICULTURE

HOMMAGE DE RECONNAISSANCE ET SOUVENIR
AFFECTUEUX DE L'AUTEUR

PRÉFACE

J'ai cru que ce petit livre destiné à la Bibliothèque des écoles et des familles pourrait intéresser, parce qu'il montre Suger sous un aspect spécial ; il fait voir en lui un agriculteur, un rénovateur de l'agriculture au XIIe siècle et aussi un habile politique, qui eut l'incontestable talent de concilier l'autorité avec la liberté, la foi avec la tolérance, qui sut faire de la guerre un instrument de paix, de justice et d'humanité. En même temps que, de concert avec le roi, il combattait les plus redoutables seigneurs de l'époque, il invoquait la trève de Dieu, il réclamait la paix pour les laboureurs ; aussi réussit-il à les associer au roi contre la féodalité. Ce n'est pas tout : il les groupa sur des territoires abandonnés ; il créa des colonies agricoles, des villages nouveaux, auxquels furent accordés des chartes de privilèges importants. C'est ainsi qu'il aida à détruire le despotisme féodal, à organiser la liberté dans les campagnes et, il faut le dire, à élever au-dessus des communes l'autorité du roi. Le tort, le malheur des communes de cette époque, c'est de n'avoir point su généraliser la liberté, de ne pas avoir conçu d'intérêts plus généraux que ceux de l'administration municipale, de n'avoir pas compris que l'association qui faisait prospérer les métiers et la cité même deviendrait plus florissante s'ils l'étendaient à plusieurs cités voisines dans un cercle de plus en plus élargi.

Instabilité des institutions, monopole des magistratures dans quelques familles, excès de pouvoir chez les magistrats et de licence dans la foule, absence d'union entre les communes, telles furent les causes qui devaient dégoûter les bourgeois de la démocratie communale, d'autant mieux qu'ils n'étaient plus dans la nécessité de s'armer afin de résister à la noblesse féodale, que la royauté tenait désormais en échec. Pleins de reconnaissance pour ce service, ils se targuaient d'être bourgeois du roi ou n'aspiraient qu'à le devenir, absolument comme dans les villages on voulait être affranchi du roi.

C'est ainsi qu'on vit s'évanouir les libertés de ces communes où le gouvernement républicain s'était, dans le principe, si vigoureusement établi, où les habitants pouvaient eux-mêmes s'assembler, s'imposer, se juger, se fortifier, se défendre et marcher à la guerre sous leurs chefs et leurs bannières.

C'est ainsi que furent arrêtés dans leur développement tous ces germes d'administration dans des communes où l'on a connu les travaux publics, le soin des subsistances, la répartition des impôts, la dette inscrite, la comptabilité régulière, l'égalité devant la loi, en un mot le gouvernement de la société par elle-même.

Dans mon *Histoire d'Angerville* (1859), j'avais déjà consigné mes premières recherches et réflexions sur Suger agriculteur; elles ont été reproduites dans l'*Annuaire d'Eure-et-Loir* de 1875. Depuis, je les ai encore complétées, et mon plus grand désir aujourd'hui, c'est que mon travail soit utile à la jeunesse, digne de celui à qui je l'ai dédié et qui sert avec tant de compétence et de dévouement la cause agricole.

ERNEST MENAULT.

Chalet d'Angerville, 1884.

SUGER

CHAPITRE PREMIER

Naissance de Suger. — Il est offert comme oblat à l'abbaye de Saint-Denis, où il est élevé avec le fils du roi.

Au XIe siècle, un moine de Cluny, Ulric, se plaint de ce que les pères surchargés d'enfants les mettent dans les monastères quand ils sont manchots, boiteux ou malingres. Cet usage était autorisé par la règle de Saint-Benoît.

Le père offrait son enfant à Dieu, enveloppé tout entier ou le bras seulement dans la nappe de l'autel. Dès ce moment, l'enfant était irrévocablement attaché à l'Église.

Vers l'an 1091, un homme d'une humble condition vint ainsi offrir son fils à l'abbaye de Saint-Denis. Le jour de l'oblation, il assista avec lui à la messe, l'enveloppa dans la nappe de l'autel et dit :

« Moi, Elinand, je donne à Dieu, à Notre-Dame, au révérend abbé de Saint-Denis, à son successeur, et à l'ordre de Saint-Benoît mon fils Suger, afin qu'il y serve Dieu et tous les saints jusqu'à la fin de sa vie, selon la règle de Saint-Benoît. Je le donne de la sorte à Dieu, pour la rémission de ses péchés, des miens et de ceux de tous ses parents. »

Tels sont les seuls documents que nous ayons sur l'origine de Suger. Certains historiens le font naître à Saint-Denis, à Saint-Omer, à Toury en Beauce, mais rien n'est exactement prouvé à cet égard.

La constitution du jeune oblat était faible, peu compatible avec les travaux d'une humble profession, mais son intelligence était vive et sa volonté forte. L'abbé de Saint-Denis ne tarda pas à concevoir sur ce jeune enfant les plus grandes espérances. Malheureusement les religieux n'avaient pas conservé la primitive ferveur de l'abbaye fondée par Dagobert. Saint Bernard, la chronique de Morigny, l'auteur des *Antiquités de la Gaule belge*, Richard de Wassebourg, nous attestent que les mœurs s'étaient singulièrement relâchées chez les moines de Saint-Benoît, et particulièrement à l'abbaye de Saint-Denis. Les religieux avaient quitté l'habit de l'ordre, ils avaient partagé les biens du monastère avec Yves, leur abbé, et ils étaient en querelle avec lui. Certains l'accusaient d'avoir donné de l'argent pour favoriser son élection. Yves, voulant faire cesser cette calomnie, envoya à Rome Algise, un des religieux qui lui étaient dévoués, pour le disculper auprès de Grégoire VII.

Le pape écrivit à Yves qu'il enverrait en France des légats auprès desquels il pourrait se justifier. Il rappela aux religieux que Dieu n'habite point dans les cœurs désunis. Il les engagea, pour éviter tout le mal dont la division peut être cause, de s'occuper à suivre en paix leur règle et d'obéir à leur abbé.

Voulant sans doute éviter à un enfant le spectacle des scandales de l'abbaye, ou songeant à son instruction, Yves envoya Suger au prieuré de Saint-Martin de l'Estrée, bâti à une des extrémités de la grande rue de Saint-Denis. Ce prieuré dépendant de l'abbaye servait de retraite aux religieux âgés ou infirmes, et ils y dirigeaient une des écoles du monastère. Ces hommes prirent en affection le jeune oblat de l'abbaye, qui se montrait studieux, intelligent et d'une nature affectueuse. Il y avait déjà plus de deux ans qu'il suivait avec le plus grand profit leurs leçons, quand l'abbé Yves mourut, en 1094. Il fut remplacé par Adam, homme d'un esprit supérieur, d'un caractère ferme, ardent à la défense des droits de son monastère, mais aussi, bon, dévoué aux pauvres. L'intelligence de Suger le frappa, il voulut lui-même achever son instruction, et il eut une idée qui devait un jour faire la fortune de son élève en même temps que celle de l'abbaye.

Depuis Dagobert, c'était un usage que les fils des rois de France vinssent étudier à Saint-Denis. Il n'y avait guère, en effet, que les monastères où l'on pouvait puiser un peu d'instruction. Là se trouvaient quelques livres manuscrits, si rares à cette époque, que Grécie, comtesse d'Anjou, dit l'histoire, paya un recueil d'homélies, deux cents brebis, un muid de froment, un de seigle, un de millet et un certain nombre de peaux de mouton.

L'abbé Adam avait pensé avec raison que, dans la situation où se trouvait le fils du roi, il obtiendrait facilement du père de l'avoir pour élève à Saint-Denis. A cette époque le roi de France, Philippe Ier, avait ravi au comte d'Anjou sa femme et l'avait fait asseoir sur le trône de France. La reine Berthe avait été obligée de s'exiler avec ses deux enfants, Constance et Louis. Bertrade, la nouvelle épouse du roi, lui avait donné un fils, et elle prétendait qu'il eût les mêmes droits que Louis. C'était là une situation délicate. Aussi, quand l'abbé Adam vint demander au roi son fils aîné, afin de diriger son instruction, il n'eut pas de peine à lui persuader qu'à l'abbaye de Saint-Denis, dont les mœurs étaient réformées, Louis trouverait mieux que partout ailleurs une éducation conforme à son rang, utilement dirigée vers ses destinées futures et capable de développer son intelligence, de fortifier son caractère.

Le fils aîné du roi entra donc à l'abbaye de Saint-Denis. Dès son arrivée, l'abbé Adam lui présenta son cher élève Suger. Ces deux jeunes gens ne se ressemblaient guère. Louis était un beau jeune homme, grand et fort pour son âge; Suger, de basse origine, était petit, faible, sans avantages physiques. Mais les âmes de ces deux jeunes gens étaient faites l'une pour l'autre. Tous deux, séparés de leur famille, avaient besoin d'affection; aussi, à cet âge des vives expansions, des liaisons rapides, ils ne tardèrent point à s'aimer comme deux frères, et d'autant plus qu'ils se complétaient l'un l'autre. Suger, studieux, naturellement réfléchi, tenait à Louis des conversations sérieuses, l'excitait à l'étude. La nature franche, le caractère ouvert du fils du roi convenait parfaitement au naturel un peu mélancolique de Suger.

En grandissant, les deux élèves de Saint-Denis s'entretenaient de leur situation, de leur avenir. Louis songeait qu'un jour il porterait peut-être la couronne de France; il promettait à Suger de s'en montrer digne, de relever le pouvoir royal, de devenir le défenseur de l'Église et des opprimés. De son côté, l'oblat de l'abbaye jurait de ne jamais oublier l'asile et l'Église auxquels il avait été consacré. Les rêves de Louis étaient souvent traversés par des craintes. Son père était de plus en plus dominé par sa passion pour Bertrade, il n'avait guère plus souci de son autorité, de sa dignité que des intérêts de la France. Il ne tenait plus de cours ni de plaids. Ses vassaux étaient les véritables maîtres du domaine, livré à l'anarchie et au pillage. Le roi d'Angleterre,

PORTRAIT DE SUGER.

Guillaume II le Roux, venait d'acquérir de son frère le duché de Normandie et déjà il espérait, grâce à l'incurie de Philippe, s'emparer un jour de la couronne de France.

Louis et Suger entendaient souvent les hommes graves qui les entouraient exprimer leur crainte à cet égard, et eux-mêmes se mettaient à penser que leurs beaux rêves d'écoliers de quinze ans pourraient un jour se changer en une lutte acharnée qui ne ferait qu'ajouter aux malheurs de l'Eglise et de la France.

CHAPITRE II

Suger étudie les chartes. — Il va au monastère de Saint-Florent pour apprendre la théologie.

Les projets de Guillaume préoccupaient beaucoup l'abbé Adam. En effet, si le roi d'Angleterre envahissait le domaine royal, il traverserait le Vexin, fief de l'abbaye de Saint-Denis, dont l'investiture appartenait aux avoués du monastère, qui devaient le défendre.

Dès le commencement de son règne, Philippe Ier avait été choisi comme avoué de Saint-Denis. Triste protecteur de l'abbaye était cet homme frappé deux fois d'anathème, incapable d'aucune énergie, ne se préoccupant ni de voir l'ennemi aux portes du domaine royal, ni du château bâti par Guillaume à Gisors, en face de Chaumont, principal boulevard du Vexin français contre la Normandie. De ce château, les troupes du roi d'Angleterre se livraient à d'incessantes incursions sur le Vexin, assurées à leur retour d'y trouver une retraite. Jusqu'ici les braves chevaliers de cette province, quoique peu nombreux, avaient résisté vaillamment aux attaques de Guillaume, mais pourraient-ils soutenir longtemps cette lutte inégale, telle était la question qu'on se posait.

Les récits de cette lutte héroïque venaient retentir à Saint-Denis; ils excitaient l'ardeur du prince Louis, qui brûlait du désir de défendre sa couronne. Suger l'encourageait dans ce noble dessein ; il lui faisait valoir les heureuses conséquences d'une entreprise

RUINES DU CHATEAU DE GISORS.

qui, avec sa force, son courage, son habileté à manier les armes et aussi avec le secours des hommes dévoués à l'abbaye, ne pouvait que tourner à son avantage. Il lui conseillait de demander au roi de l'établir comte de Vexin, puis de lui permettre d'aller avec l'oriflamme de Saint-Denis combattre les ennemis du royaume. L'abbé Adam et les hommes les plus sérieux étaient de cet avis. Aussi, vers le commencement de l'année 1099, sur la demande de l'abbaye de Saint-Denis et sur celle des hommes du Vexin, Philippe Ier céda à Louis le titre d'avoué de Saint-Denis; il le fit armer chevalier. La cérémonie eut lieu au château d'Abbeville, sous la présidence de Guy de Ponthieu, un des seigneurs les plus dévoués à la cause royale.

Après cette cérémonie, une autre non moins importante eut lieu à l'abbaye de Saint-Denis, quand, devant le grand autel et en présence de tous les religieux, l'abbé Adam remit dans les mains du jeune prince, âgé de dix-sept ans, la bannière de l'oriflamme. Louis fit ensuite de touchants adieux à l'abbé Adam et à Suger, puis il se rendit au milieu des guerriers du Vexin, qui l'attendaient impatiemment.

Pour une entreprise aussi difficile, longue sans doute, Louis n'osa pas même demander à son père l'argent dont il avait besoin, et l'abbaye de son côté ne pouvait guère lui en fournir. Les braves chevaliers du Vexin ne s'en montrèrent pas moins dévoués à sa cause.

Ils se joignirent à lui pour faire un appel à toutes les personnes généreuses de l'Ile-de-France. L'exemple et l'ardeur qu'inspire à d'autres jeunes hommes un chef jeune et plein de courage déterminèrent un assez bon nombre de chevaliers à le suivre. On vit paraître au premier rang Simon de Montfort, frère puîné de Bertrade et en qui la bravoure égalait un zèle à toute épreuve.

Les guerriers de l'Ile-de-France réunis à ceux du

Vexin formaient une troupe d'élite d'environ cinq cents hommes. Louis, à leur tête, se mit hardiment à combattre le roi d'Angleterre, qui n'avait pas moins de dix mille guerriers sous ses ordres. Il fallut au jeune prince autant de prudence que de courage; aussi, malgré sa vivacité naturelle, il eut la sagesse de suivre scrupuleusement les conseils des hommes qui connaissaient le mieux le génie et la tactique des Normands. Il attaquait l'ennemi ou l'évitait à propos, nuit et jour il était sur pied. Et comme il était obligé en même temps de faire la police du royaume, on le voyait s'élancer rapidement des bords de l'Epte dans l'Ile-de-France ou vers les marches du Berry, quelquefois en Bourgogne et jusqu'en Auvergne, puis il reparaissait tout à coup dans le Vexin et déconcertait de nouveau les tentatives du roi d'Angleterre.

Après une lutte sans résultats, Guillaume découragé se détermina, dans le cours de l'année 1100, à conclure la paix avec le roi de France.

Louis reporta alors dans l'église de Saint-Denis la bannière de l'oriflamme; ce fut un jour de grand triomphe. Jamais les intérêts de Saint-Denis et ceux de la couronne n'avaient été liés d'une manière plus étroite ni plus solennelle. Jamais un jeune prince ne s'était plus rapidement élevé dans l'opinion publique que le fils de Philippe Ier. Aussi devint-il un sujet de joie et de légitime orgueil pour l'abbaye et pour Suger son ami.

D'un autre côté, un religieux et profond souvenir de reconnaissance s'attacha dans l'esprit de Louis à la bannière de l'oriflamme; il voulut que désormais elle fût portée dans les grandes circonstances à la tête de l'armée royale. Ce fut vraisemblablement aussi à l'occasion des premiers combats du prince que le cri de guerre de Saint-Denis vint s'ajouter au cri de Montjoie, qui était celui de la monarchie. Ce qui avait été prévu arriva. Le roi fut si émerveillé du résultat obtenu par son fils aîné, qu'il résolut de l'associer à la couronne, en dépit de tous les obstacles suscités par Bertrade.

Sur ces entrefaites, Henri Ier, frère de Guillaume, monta sur le trône d'Angleterre. Louis conçut le dessein de l'aller trouver et de lui proposer son amitié. Le roi autorisa le voyage, et le prince Louis, précédé par sa réputation, fut admirablement bien accueilli, malgré les intrigues odieuses de Bertrade qui écrivit, au nom du roi, une lettre à Henri Ier, lui demandant de retenir son hôte en prison. N'ayant pu réussir dans ce dessein, elle attendit le retour de Louis et essaya de l'empoisonner; heureusement encore elle échoua dans sa criminelle tentative.

Au milieu de tous ces évènements, Suger, resté à l'abbaye de Saint-Denis, avait continué avec ardeur ses études; il était devenu très habile à traduire les chartes, et avait ainsi appris à connaître le droit de l'époque. Aussi, quand surgissait une contestation pour une propriété, Suger savait parfaitement faire valoir les titres de l'abbaye.

Par l'étude des chartes, il avait constaté toutes les libéralités des rois de France pour le monastère de Saint-Denis, et il espérait voir Louis devenir non moins libéral que ses ancêtres pour l'asile où il avait été élevé.

Les affaires de Saint-Denis ou même celles du royaume appelaient souvent l'abbé Adam à la cour, et presque toujours il amenait Suger avec lui, sûr qu'il serait bien accueilli; il assistait aux délibérations les plus graves. Quoique jeune, il se trouvait en rapport avec les hommes les plus expérimentés, il se formait aux idées sérieuses, aux affaires administratives. Dans un différend survenu entre l'abbaye et Bouchard IV, qui voulait exercer des exactions contre Saint-Denis, Suger fut chargé de rechercher les titres qui constataient les droits de l'Église. Bouchard ne voulant rien entendre, l'abbé de Saint-Denis résolut de se défendre par les armes; il fit appel au prince Louis, qui somma Bouchard à comparaître avec l'abbé Adam au château de Poissy devant la cour de justice de son père, où il fut condamné à renoncer à ses prétentions. Bouchard ne voulut point se soumettre; Louis alla l'assiéger dans son château de Montmorency. Mais à sa vue le rebelle seigneur fit sa soumission. Plusieurs autres seigneurs furent ainsi obligés de rentrer dans le devoir.

Lors du mariage de la fille de Guy Troussel, seigneur de Montlhéry, avec Philippe, fils de Bertrade, il paraît que l'abbé Adam et Suger furent appelés au conseil où devaient être discutées les clauses du contrat. On stipula que Montlhéry serait donné en dot à Élisabeth, et que le château demeurerait, en attendant l'époque du mariage, sous la garde spéciale du prince Louis.

Après ce mariage, Philippe Ier voulut réconcilier son fils aîné et Bertrade. Mais comment Louis pourrait-il oublier l'injure faite à sa mère, comment lui faire pardonner la perfidie de Bertrade, la tentative d'empoisonnement dont il avait été victime et qui avait altéré sa santé? Deux hommes, l'abbé Adam et Suger, pouvaient seuls obtenir ce résultat. Il fallut, en effet, toute la confiance que le fils aîné du roi avait dans ces deux conseillers intimes pour qu'il consentît à oublier tout le mal que lui avait fait Bertrade. Suger vit dans cet acte à quel point son ami d'enfance lui était resté attaché. Aussi quitta-t-il sans trop de regrets l'abbaye de Saint-Denis pour aller, selon le désir de l'abbé Adam, au monastère de Saint-Florent de Saumur, étudier la théologie, enseignée par le savant abbé Guillaume. Après avoir terminé cette étude, qui avait duré trois ans, il revint à Saint-Denis, ayant atteint sa vingt-troisième année.

CHAPITRE III

Suger protégé par l'abbé Adam. — Il assiste à l'assemblée des évêques à Paris. — Il intervient auprès du pape Pascal II.

Avant de revenir à l'abbaye, Suger avait assisté à une assemblée d'évêques, tenue à Paris le 2 décembre 1105, par ordre du pape Pascal II, pour lever la sentence d'excommunication fulminée contre le roi Philippe Ier à l'occasion de son union avec Bertrade. L'année suivante, il s'était rendu au concile de Poitiers, tenu le 24 juin par Brienon, légat du saint-siège, afin de venir en aide aux chrétiens d'Orient. Et en 1107, lorsque le pape Pascal II se décida à venir en France pour demander secours contre l'empereur d'Allemagne Henri Ier, qui revendiquait le droit d'investiture, Suger fut au nombre des députés qui allèrent au-devant du pape au prieuré de la Charité-sur-Loire. Sa présence fut utile. En effet, Galon, évêque de Paris, s'était plaint au pape des empiètements de l'abbaye de Saint-Denis; Pascal II avait, à ce sujet, adressé à l'abbé Adam et aux moines une lettre dans laquelle il disait :

« Nous avons appris par notre frère Galon, évêque de Paris, que vous vous donnez la liberté de recevoir le chrême et de faire ordonner vos moines et vos clercs par quels évêques il vous plaît, soit que vous alliez les trouver, soit que vous les invitiez à venir eux-mêmes dans votre monastère.

« J'apprends aussi que vous vous ingérez d'administrer la pénitence aux laïques. En quoi vous tenez une conduite très opposée aux saints canons, puisque les privilèges ne nous ont été donnés que comme des boucliers salutaires pour se mettre à couvert de l'iniquité, en un mot pour l'édification et jamais pour le renversement de la discipline de l'Église; c'est pourquoi notre frère Galon, notre évêque, étant, par la grâce de Dieu, fort homme de bien et très catholique, nous vous défendons de vous adresser sans sa permission à d'autres évêques pour le chrême et pour les ordres, d'autant plus qu'il s'offre de vous les donner gratuitement et sans simonie, et nous enjoignons de même à tous archevêques et évêques de vous les refuser au cas où vous les leur demanderiez. »

Cette lettre, qui peint bien les mœurs de l'époque, avait sans doute été écrite sous le coup de l'accusation portée contre l'abbaye de Saint-Denis. Suger se chargea d'y répondre à la satisfaction du pape, qui fut reçu à l'abbaye de Saint-Denis comme il devait l'être dans une maison immédiatement soumise au saint-siège et où le roi et le prince Louis vinrent le trouver. Pascal II les conjura de l'aider contre Henri, l'ennemi acharné de l'Église.

Le roi et le prince lui présentèrent la main en signe d'amitié et lui promirent de mettre à sa disposition toutes les forces du royaume.

Puis, ayant appris que les ambassadeurs de l'empereur approchaient de Châlons-sur-Marne pour traiter avec le pape des droits de l'empire touchant les investitures, le roi quitta Sa Sainteté et lui donna plusieurs prélats pour l'y conduire. Parmi eux était l'abbé

Adam. Suger l'accompagna dans ce voyage et fut témoin du mauvais succès de la conférence, où les ambassadeurs d'Henri semblaient être venus plutôt pour étaler leur faste et leur orgueil qu'avec le désir de s'entendre. Ces ambassadeurs étaient l'archevêque de Trèves, le duc de Bavière et d'autres prélats et seigneurs.

L'archevêque de Trèves, Brunon, prétendit qu'on devait porter l'élection de tout évêque ou abbé à la connaissance du souverain avant de l'annoncer publiquement et s'assurer du consentement « dudit seigneur » ; que le prélat ainsi élu, « librement et sans simonie », devait se présenter ensuite au prince, lui jurer fidélité, lui prêter foi et hommage, pour obtenir la jouissance des régales (c'est-à-dire des bénéfices ecclésiastiques octroyés par les rois), et recevoir l'investiture par la crosse et l'anneau. « Nul, dit l'ambassadeur, ne peut être admis autrement à jouir de cités, de châteaux, de péages, de fiefs quelconques relevant de la couronne. »

L'évêque de Plaisance répéta, au nom du pape, toutes les objections alléguées naguère par Grégoire VII et dans lesquelles il n'était tenu aucun compte des devoirs féodaux. La conférence se termina par une rupture complète : « Ce n'est pas ici, dirent en partant les envoyés impériaux, mais à Rome et par l'épée que se décidera ce différend. »

Après la réunion de Châlons, le pape se rendit au concile qu'il avait indiqué à Troyes. Il y fit renouveler les décrets de Grégoire VII et d'Urbain, touchant la liberté des élections et contre les investitures que donnaient les laïques.

Suivant les conseils de l'abbé Adam et de Suger, Louis avait résolu de publier, en présence du pontife, un édit solennel sur l'observation de la paix publique dans le royaume. La loi fut proclamée au milieu d'un concile nombreux, et le pape prononça la peine de l'excommunication contre quiconque oserait y porter atteinte.

Le prince Louis prit une autre résolution, qui ne fut point approuvée par Suger. Il demanda au pape et il obtint de lui, ainsi que du concile, la dissolution de son mariage avec Lucienne, fille du comte Guy de Rochefort. Cet acte avait été conseillé au fils aîné du roi par les Garlande, qui, jaloux de la grande puissance des Rochefort, avaient persuadé à Louis que la fille du sénéchal n'était point d'un assez haut rang pour la dignité royale et que ce mariage lui nuirait aux yeux de ses vassaux. Pour arriver à ses fins, Louis avait fait valoir sa parenté, ainsi que la jeunesse de la fiancée, qui n'avait pas permis la consommation du mariage.

Un acte semblable n'était pas fait pour amener la paix publique dans le royaume.

Le comte Guy de Rochefort, indigné de cet affront, se révolta avec ses amis et ses parents, et fit payer cher à l'infidèle son divorce.

De son côté, ne pouvant rien obtenir d'Henri, le pape retourna en Italie, aussi satisfait du roi de France qu'il l'était peu de l'empereur d'Allemagne, et il fut, paraît-il, si émerveillé de Suger, qu'il le prit en amitié et l'invita à venir à Rome pour assister au concile où la grande question des investitures devait être résolue.

CHAPITRE IV

Suger prévôt de Berneval en Normandie.

Jusqu'ici nous avons vu Suger, élève studieux de l'abbaye de Saint-Denis, se livrer avec ardeur à l'étude des chartes, à celle des auteurs anciens et à la théologie. Puis, nous l'avons vu, grâce à son intelligence, à son érudition, à son éloquence, assister aux conciles et au conseil du roi. Partout il se faisait remarquer par la vivacité de son esprit, l'étendue de ses connaissances, la sûreté de son jugement et la maturité de sa raison. Aussi l'abbé Adam comprit que personne ne pouvait mieux défendre non seulement les droits de son monastère, mais mettre au service de ses intérêts les qualités d'ordre, d'administration et d'énergie que Suger avait toujours montrées. C'est pourquoi, peu après le concile de Troyes, il lui donna la charge de prévôt dans le prieuré de Berneval en Normandie, arrondissement de Dieppe, canton d'Offranville, à l'extrémité du pays de Caux, près des bords de l'Océan. Un prieuré était une terre éloignée d'une abbaye, administrée par un religieux qu'on appellait prieur. Ce n'est pas avec ce simple titre que Suger fut envoyé à Berneval, c'est avec celui de prévôt. C'était la qualité qu'avait déjà sans doute le religieux de Saint-Denis. L'auteur des *Antiquités de l'église Saint-Aignan d'Orléans* nous apprend que, dans la plupart des abbayes, celui qui tenait le premier rang après l'abbé, c'était le prévôt. Ce prévôt ou prieur claustral gouvernait les moines ; il avait, d'après Guérard, sur les hommes du monastère à peu près le même pouvoir que le *judex publicus* sur les serfs du roi ou de l'État. Aux termes de la règle de Saint-Benoît, les prévôts étaient, l'abbé présent, chargés spécialement du maintien de la discipline parmi les religieux et de l'administration du matériel du monastère. En son absence, ils le remplaçaient.

De même qu'il y avait un prévôt claustral, il y eut aussi un prévôt extérieur, qui administrait, régissait les biens, les terres de l'abbaye et rendait la justice.

Le domaine de Berneval avait été donné à l'abbaye de Saint-Denis par Pépin, mais cette terre était devenue la proie des Normands pendant leurs invasions en France, et comme ils étaient gens sans humanité et sans religion, dit Félibien, ils n'épargnaient ni les églises, ni les monastères. Ce n'était qu'à prix d'argent qu'on se rachetait de leurs mains. Le monastère de Saint-Denis avait beaucoup souffert de leurs ravages. Ce fut Rollon, duc de Normandie, qui restitua à l'abbaye la terre de Berneval pour réparer en quelque sorte les dommages que les Normands lui avaient causés.

Quelques années après, cette terre ayant été de nouveau usurpée, Richard, comte ou duc de Normandie, petit-fils de Rollon, la fit rendre à Saint-Denis. Cette propriété eut encore d'autres vicissitudes à subir. A l'époque où nous sommes, elle ne possédait presque plus rien de ses anciens droits, et, comme pour achever sa ruine, les agents de l'Échiquier de Normandie étaient encore venus, depuis peu, mettre de fortes taxes sur son pauvre revenu. On sait que l'Échiquier était la haute cour de justice de cette province. M. Floquet, auquel on doit une savante histoire de l'Échiquier de Normandie, croit que cette cour était à la fois tribunal et chambre des comptes. On se servait pour la comptabilité de compartiments d'échiquier, d'où son nom ; l'Échiquier se réunissait deux fois par an, à Pâques et à la Saint-Michel ; il se composait des grands feudataires laïques et ecclésiastiques.

Suger fit d'abord rentrer le prieuré de Berneval en possession de ce qui lui avait appartenu, puis il déclina énergiquement les prétentions de l'Échiquier. Il s'ensuivit une lutte opiniâtre, où l'on vit ce religieux de si chétive apparence se présenter hardiment dans les salles de plaids, répondre aux durs et astucieux financiers de Normandie, comme l'homme de loi le plus habile, et gagner enfin sa cause.

Suger remplissait bien cette première partie de sa charge de prévôt, qui consistait d'abord à veiller à la conservation des droits de son prieuré, mais il lui fallait aussi s'occuper de la terre, et s'efforcer, par une agriculture bien entendue, d'en tirer des récoltes plus abondantes et meilleures. Sous les ducs de Normandie cette province était, à chaque instant, le théâtre de guerres barbares. Tantôt c'était une invasion de Français, tantôt une irruption de Bretons ou de Manceaux, plus souvent des guerres de seigneur à seigneur. Dans un tel état, l'agriculture ne pouvait nulle part prospérer, pas plus sur les terres de l'abbaye qu'ailleurs.

L'Église était trop intéressée à la paix des champs pour ne pas venir au secours de l'agriculture. Elle établit la trêve de Dieu. Un synode, réuni à Caen en

1042, déclara qu'elle devait être observée depuis le mercredi soir jusqu'au lundi matin, depuis l'entrée de l'Avent jusqu'aux octaves de l'Épiphanie, depuis le commencement du carême jusqu'à l'octave de Pâques et depuis les Rogations jusqu'à l'octave de la Pentecôte.

Tant qu'elle durait, il était spécialement défendu de dévaster les terres et d'enlever les bestiaux.

Un concile réuni à Rouen, en 1096, prit des résolutions plus radicales. Il modifia peu la durée de la trêve de Dieu, mais il défendit, sous les peines les plus sévères, de jamais inquiéter les laboureurs qui étaient à la charrue ou à la terre et de toucher aux bœufs ou aux chevaux qu'ils employaient à leurs travaux. Bien plus, les paysans menacés pouvaient courir à la charrue, ils devenaient alors inviolables.

On ne saurait dire si les hommes d'armes s'assujettirent à ces prescriptions, mais ils respectèrent généralement les asiles dont l'inviolabilité était consacrée par le temps. Néanmoins l'état général des terres laissait encore beaucoup à désirer.

L'histoire de l'abbaye de Saint-Denis ne nous fournit point de renseignements sur les moyens qui furent employés par Suger pour améliorer les terres de Berneval, mais nous savons qu'en peu de temps elles produisirent plus qu'autrefois.

Ce résultat fut dû incontestablement d'abord à l'esprit d'ordre et d'administration du prévôt et aussi à son intelligence, qui saisit rapidement quelles étaient les meilleures méthodes de culture à employer dans le pays, et qui sut aussi se procurer de bons ouvriers. Berneval fut pour Suger une véritable école pratique d'agriculture, ce fut de plus un milieu excellent pour étudier les mœurs rurales de l'époque.

Les populations agricoles de la Normandie luttaient habilement contre les exacteurs des seigneurs féodaux; elles savaient, sans insurrection ni violence,

LABOUREUR DU XIIe SIÈCLE.

obtenir d'eux les garanties dont elles avaient besoin. Aussi furent-elles en avance de plus de deux siècles sur le reste de la France agricole, relativement à leur liberté.

A l'époque où nous sommes, elles avaient déjà obtenu l'abolition ou la conversion des redevances et des services les plus pénibles; c'est à peine si le servage y subsistait encore, tandis que, dans les autres parties de la France, il y avait encore des serfs tellement assujettis, que le seigneur pouvait à leur mort prendre tout ce qu'ils avaient. Eh bien, dès le XIe siècle, les paysans de Normandie purent se marier en suivant leur inclination, transmettre leurs biens à leurs héritiers, en payant au seigneur, au lieu du prix de l'héritage, un simple droit de relief. Le mot de servage cesse de s'appliquer à cette population. Les actes distinguent les hommes francs et les paysans. Les mêmes actes attribuent aux hommes libres de la classe moyenne le nom de vavasseurs. C'est une véritable classe intermédiaire dont l'élite paraît se rapprocher, à certains égards, de la classe noble. On le constate, dans le pays de Bayeux, pour ceux qui devaient le service militaire à cheval, armés de lances, d'écus et d'épées.

Il y a aussi des catégories dans la classe qui vient après. Les hôtes, hospites, ont une cabane, une cour, un jardin; quelques-uns possèdent une véritable aisance.

Les paysans proprement dits composent la population la plus nombreuse : ce sont eux qui portent en latin les noms de *rustici*, *rusticani*, *ruricolæ* et *villani*. Ils acquittent des rentes et des corvées.

Enfin on trouve les bordiers, qui se placent à un degré plus bas, rendent des services plus pénibles, ceux de la domesticité, tandis que les travaux des autres paysans avaient surtout pour objet l'exploitation des champs.

Il y a là une classe rurale avec tous ses degrés. La

plupart de ces droits et de ces avantages furent le plus souvent garantis par des chartes, que les paysans signaient à l'aide d'un sceau particulier. Il n'en est pas une pour ainsi dire qui n'ait été le fruit de luttes lentes et successives. De très bonne heure, les Normands s'habituent à discuter leurs intérêts; on les voit maintenir la limite de leurs droits avec persistance, s'appliquer à la reculer tant qu'ils peuvent.

BOURGEOIS.

L'usage fréquent des pièces écrites est fort ancien chez ces populations un peu défiantes et qui n'avaient que trop raison de prendre leurs précautions devant la force. Ce sont, non seulement des contrats, mais des pièces de conviction dont on fait grand emploi dans les litiges entre les différentes parties, qui seront multipliées par la petite propriété, dont l'existence se constate de bonne heure, ce qui est encore un fait considérable, un résultat d'une grande portée.

La liberté du travail agricole, une certaine sécurité relative et aussi l'esprit intelligent et laborieux des paysans normands ont beaucoup contribué au développement de leur prospérité. Nous avons tenu à signaler cette situation de la classe agricole en Normandie, parce que nous verrons bientôt Suger s'inspirer des effets salutaires de la liberté en agriculture et transporter ces idées dans une autre prévôté, pour améliorer en Beauce la condition des terres et des personnes.

Pendant son séjour à Berneval, une lutte violente éclata à la cour de Philippe Ier. La famille des Garlande, toujours animée de jalousie à l'endroit du sénéchal Guy de Rochefort, s'efforçait d'exciter la cour contre lui. Ce malheureux seigneur eut encore le cruel affront de voir la sénéchaussée arrachée de ses mains pour être donnée à Ansel Garlande. Étienne de Garlande, devenu depuis quelque temps archidiacre de l'église de Paris, fut nommé chancelier de la couronne, et Gilbert obtint la charge de bouteiller. Les Garlande ne se contentèrent point de tant de privilèges et d'actions contre les Rochefort; ils réclamèrent le château de Gournay-sur-Marne comme un patrimoine de leur famille injustement possédé par Hugues de Crécy, fils de l'ancien sénéchal.

Louis se mit encore du côté des Garlande, mais Guy de Rochefort, irrité plus que jamais, réussit à former dans l'Ile-de-France une ligue contre le futur roi. Il intéressa à sa cause le puissant Thibaut, comte de Brie, de Chartres et de Blois. Malgré l'action commune de Guy de Rochefort, de Hugues de Crécy et de Thibaut, Louis s'empara du château de Gournay et le remit entre les mains de ceux qui le réclamaient.

Cette victoire eut un grand retentissement et, quoique Suger eût été d'avis de ne point faire la guerre à Guy de Rochefort, il ne put s'empêcher de reconnaître que Louis venait de montrer la force, le dévouement de son armée et combien les seigneurs féodaux devraient désormais compter avec le roi de France. Si, dans cette circonstance, on pouvait plaindre Guy de Rochefort, le fils du roi ne tarda pas à montrer que dans la lutte contre les seigneurs féodaux, ce qu'il voulait surtout, c'était défendre les populations contre l'abus de ces personnages qui souvent vivaient de rapines, de brigandage, d'exactions.

Ainsi un baron fort puissant nommé Humbaud, seigneur du château de Sainte-Sévère sur les marches du Berry et du Limousin, affectait depuis longtemps de dédaigner les justes plaintes de ses vassaux. Ceux-ci, en 1108, s'adressèrent à Louis, le suppliant d'obliger leur seigneur à réparer ses torts ou de prononcer contre lui, en cas de refus, la peine de déchéance portée par la loi salique. Humbaud ne craignit pas de résister aux ordres de Louis et il voulut se défendre par les armes. Ce dernier se saisit de son château et de sa personne, et, pour lui apprendre qu'on ne bravait plus impunément la justice royale, il le ramena avec lui jusqu'à Étampes, le fit charger de chaînes et l'enferma dans la grosse tour de cette ville.

CHAPITRE V

Suger négocie la paix entre le roi de France et le roi d'Angleterre. Il devient prévôt de Toury en Beauce.

Le roi Philippe Ier venait d'expirer à Melun, le 29 juillet 1108, revêtu de l'habit monastique. Son fils Louis, sur lequel il s'était reposé du soin du gouvernement de l'Etat dans ses dernières années, fut présent à sa mort. L'abbé Adam s'y trouva aussi avec l'évêque de Paris et quelques autres prélats, qui tous ensemble accompagnèrent le corps du roi à Fleury, autrement dit Saint-Benoît-sur-Loire. Quant à Suger, selon certains historiens, ce fut lui qui ferma les yeux du roi, et reçut la mission de le conduire à Saint-Benoît, d'où il revint à Orléans pour assister au sacre du roi Louis VI. Huguenin affirme que Suger n'assista pas à cette cérémonie, mais il ne tarda pas à se rendre auprès du nouveau roi, qui avait fort à faire à l'intérieur de son royaume, comme aussi au dehors. Le roi d'Angleterre, duc de Normandie, s'était emparé du château de Gisors ; les hostilités étaient déclarées. Suger fit tous ses efforts pour réconcilier le roi de France et celui d'Angleterre; mais les hommes de cour, et les Garlande en tête, s'y opposèrent. La guerre s'engagea, elle n'amena aucun résultat définitif. Seulement les chances de la paix devinrent plus favorables. Suger fut chargé de la négocier. Grâce à lui, Henri consentit à signer une trêve avec la France. Après cette heureuse négociation, voyant que le domaine de Berneval était parfaitement rétabli dans ses droits, que les terres étaient en bon état, qu'elles donnaient un excellent produit, que l'ordre enfin était rétabli sur tout le domaine, l'abbé Adam comprit que tout ce qui avait été obtenu sur la terre de Berneval pouvait l'être également sur un autre domaine de l'abbaye situé en pleine Beauce, sur Toury, qui avait été donné par Dagobert à l'abbaye de Saint-Denis, ainsi que Monnerville et Rouvray, autres terres de la contrée.

Toury, situé sur la route de Paris à Orléans, était autrefois le centre d'une vaste culture; l'abbaye en tirait des revenus importants. Elle en avait fait aussi un lieu de repos pour les voyageurs : l'étranger qui traversait les plaines désertes de la Beauce avait droit d'entrer dans cet endroit et d'y réclamer, le jour et la nuit, le bienfait de l'hospitalité. Mais ce beau domaine n'offrait plus que l'aspect de la solitude. Abandonné en partie depuis un grand nombre d'années, il se trouvait chaque jour plus près d'une ruine complète par suite des déprédations de Hugues le Beau, seigneur du Puiset, qui avait son château dans le voisinage, à deux kilomètres de Janville et à six de Toury.

Monnerville, autre propriété de l'abbaye, n'était pas dans une meilleure situation. Là ce n'était pas le seigneur du Puiset qui ravageait les basses-cours et enlevait aux champs leurs récoltes. C'était le seigneur de Méréville, tyran non moins redoutable. Il allait où bon lui semblait prendre auberge à Monnerville, s'installait chez le cultivateur, lui enlevait tout ce qui plaisait à son avidité. Les moissons, les bois, les porcs, les agneaux, les oies, les poules, tous les animaux de basse-cour, rien n'était épargné. Il faisait plus, il prenait aux ouvriers des champs leurs voitures pour amener son butin.

Ce n'étaient pas seulement les seigneurs qui

SCEAU DE LOUIS VI.

usaient et qui abusaient, qui se livraient à toutes sortes d'exactions; les prévôts royaux avaient établi en beaucoup d'endroits des coutumes abusives, et les propriétés de Saint-Denis elles-mêmes n'étaient pas toujours épargnées. Ainsi, les abbés avaient perdu de cette manière le droit de rendre la justice sur le territoire du monastère et ils ne pouvaient pas affranchir leurs serfs sans une autorisation chèrement payée au trésor public.

Saint-Denis avait perdu beaucoup de ses prérogatives par les usurpations des agents du domaine. Aussi, quand Louis VI voulut lui imposer un nouvel impôt, l'abbé Adam profita de cette circonstance pour lui représenter que Saint-Denis, autrefois si favorisé par ses ancêtres, serait bientôt dépouillé de tous ses droits. Dom Félibien dit que le roi, bien loin de blâmer la liberté de l'abbé, loua son zèle, écouta ses raisons, et s'en montra si satisfait, qu'il fit cesser aussitôt toutes les entreprises de ses officiers. Si l'on en croit Duchesne, les choses ne marchèrent pas si facilement.

Les officiers royaux, qui se trouvaient attaqués, engagèrent le roi à ne point se dessaisir de ses prérogatives. Ils arrivèrent à lui persuader que l'abbé soutenait sa réclamation par des pièces supposées et ils firent tant que Louis VI alla jusqu'à intenter contre Adam un procès en faux, qui atteignait jusqu'à un certain point Suger lui-même, avocat de l'abbé. Ce fut, comme on pense, un vif chagrin pour le maître et pour l'ami du roi de le voir ainsi tourné contre eux. Ils s'adressèrent, dans cette grave circonstance, à un homme réputé pour sa sainteté et sa justice, à Yves, évêque de Chartres, qui, après avoir entendu leurs raisons, prit hautement la défense de l'abbaye. Pendant ce temps, Louis, dont le caractère était vif, mais l'esprit droit, le cœur bon, avait réfléchi. Il avait sans doute compris qu'il était allé un peu trop loin contre l'abbé Adam, son maître, et qu'aussi il avait dû faire beaucoup de peine à Suger. Tous deux lui avaient déjà rendu de grands services par leurs excellents conseils et dans toutes les luttes qu'il avait eu à soutenir contre les ennemis du royaume. Il pouvait encore avoir besoin d'eux. Il consentit donc à entendre l'abbé Adam et Suger pour défendre leur cause. Ils apportèrent devant lui les chartes royales depuis Dagobert jusqu'à Robert. Suger prouva d'une façon péremptoire l'authenticité des droits de Saint-Denis, il démontra comment l'usurpation, favorisée par la négligence, avait seule fait perdre à cette église ses anciens privilèges.

Alors non seulement Louis VI renonça à ses prétentions, mais il fit dresser, pour l'affranchissement de Saint-Denis, un acte qui eut le caractère d'une solennelle réparation. Il donna à l'abbaye des lettres par lesquelles il lui confirmait ses anciens privilèges, à l'abbé et aux moines le droit nouveau d'affranchir les sujets de leurs églises, hommes ou femmes, sans que personne pût ni les réclamer ni les exiger pour leur affranchissement. De plus il leur laissa la connaissance et la punition de tous les criminels, usuriers, faux-monnayeurs et même les criminels de lèse-majesté qui seraient pris dans le château ou bourg de Saint-Denis et dans toute l'étendue de leur juridiction.

A ce moment toute la France souffrait de la famine et pendant sept années consécutives le manque des choses nécessaires à la vie exerçait de tels ravages, que beaucoup moururent, et plus encore se ruinèrent. Aussi vit-on les habitants d'Étampes, pressés par le besoin, cesser les dons qu'ils avaient faits jusqu'alors à l'abbaye de Morigny.

Au milieu de cette misère, Suger sut faire des sacrifices. Il donna aux cultivateurs des instruments de travail, il répara leurs habitations, rendit les chemins plus sûrs, plus commodes. Comme à Berneval il rétablit l'ordre à Toury, et les maires, qui depuis longtemps n'étaient plus que les premiers parmi les serfs, dont ils partageaient les charges humiliantes, furent réinstallés dans leurs anciennes fonctions, qui consistaient à lever les tailles et à rendre la justice en l'absence des prévôts, ainsi que cela est démontré dans le cartulaire de Saint-Denis. Le maire redevint un véritable magistrat et dut être élu par l'abbé ou le prévôt, et ceux-ci auront le droit de le révoquer s'il manque à ses devoirs ou s'il refuse l'obéissance. Les échevins, assesseurs de ces magistrats dans les affaires d'administration et de justice, furent assujettis eux-mêmes à l'accomplissement exact de leurs devoirs, aussi bien qu'à une subordination rigoureuse, seule garantie d'ordre public.

C'est en rétablissant ainsi l'ordre sur les terres de l'abbaye, en offrant au travailleur plus de sécurité et de liberté, qu'on obtint des moissons plus abondantes, des revenus plus importants; mais cet ordre ne pouvait convenir aux seigneurs qui vivaient de rapines et de brigandage, et en particulier au seigneur du Puiset, qui voyait déjà en Suger un ennemi d'autant plus redoutable qu'il le savait dans l'intimité du roi. Louis VI ne pouvait manquer de s'unir au prévôt de Toury, au représentant des intérêts de l'abbaye de Saint-Denis, pour combattre le seigneur de ce château devant lequel Philippe Ier, son père, avait subi un affront en 1080, alors qu'assiégeant ce repaire féodal, il n'avait pu s'en emparer. De son côté, Suger savait que le château du Puiset avait été construit par la reine Constance, femme de Robert II, au centre du pays chartrain, pour en faciliter la défense et pour y assurer la protection royale aux pauvres et aux églises, tandis qu'aujourd'hui il en était la terreur. Il espérait qu'avec l'aide du roi on aurait d'autant plus facilement raison de Hugues le Beau, que beaucoup de ceux qui étaient retenus par crainte sous sa bannière ne tarderaient pas à l'abandonner et que bientôt la paix serait rendue aux champs, la protection aux pauvres et aux églises.

CHAPITRE VI

Suger et Louis VI font la guerre à Hugues, seigneur du Puiset. — Ils l'assiègent dans sa forteresse et le font prisonnier.

Suger détermina d'autant plus facilement Louis VI à l'action que ses bonnes relations avec l'abbaye de Saint-Denis étaient complètement rétablies. Le comte de Chartres, Thibaut, la comtesse Adèle sa mère, les évêques de Sens, de Chartres, d'Orléans s'unirent à Suger pour réclamer la puissante intervention du roi.

Mais le roi de France était alors si peu maître ab-

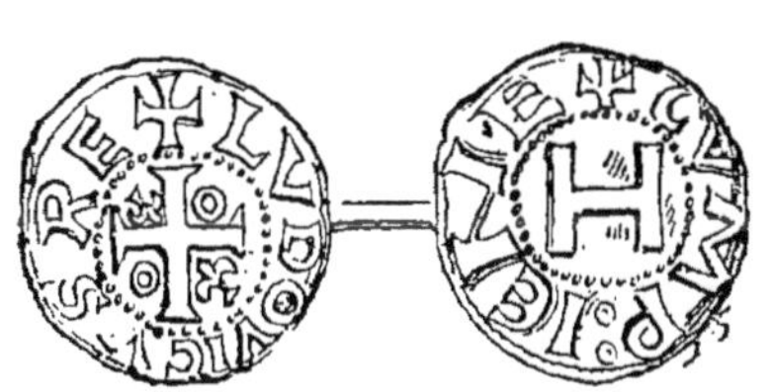

MONNAIE DE LOUIS VI.

solu qu'avant de déclarer la guerre au seigneur du Puiset il lui fit d'abord son procès, le convoqua en 1111 à comparaître à Melun, devant une sorte de Parlement. L'abbé Adam et Suger se trouvèrent à cette réunion. Après avoir entendu toutes les plaintes portées contre Hugues le Beau, Louis VI promit de mettre fin à ses brigandages. Et, pendant qu'on instruisait encore le procès, il envoya Suger à Toury, afin d'y faire bonne garde et d'empêcher le seigneur Hugues d'y mettre le feu, car le château était sans aucune défense et le seul endroit où l'on pût camper commodément, s'il fallait en venir à une guerre ouverte contre le rebelle, s'il ne voulait pas répondre devant sa cour sur les griefs qui lui étaient imputés. Cela arriva, comme on pouvait s'y attendre.

Suger, suivant l'ordre du roi et de son abbé, partit aussitôt, ramassa tout ce qu'il put trouver de gens de guerre et les mit dans Toury en attendant la décision du procès, qui fut bientôt connue, car on vit paraître le roi à la tête de son armée, venant pour forcer le château du Puiset si le seigneur refusait de le lui remettre entre les mains. Hugues ne voulant point céder, le roi tient parole. Il commande qu'on dresse autour du château les machines de guerre. Déjà mangonneaux, balistes, dondaines, truies, béliers, boutouers, tortues, taudis, beffrois sont en présence d'une place qui consistait en une tour et un donjon de bois élevés sur une éminence et fortifiés d'un rempart défendu par une bonne palissade et un fossé avec un parapet.

Deux attaques régulières se font : l'une commandée par Thibaut, comte de Chartres, suivi des Chartrains. La seconde par Louis, à la suite duquel s'était fait un concours innombrable de personnes de tout âge, de tout sexe, de tout rang : hommes, femmes, enfants, moines, prêtres venus de toutes les paroisses de la Beauce pour aider à la prise de ce vautour qui ravageait le pays.

Le combat s'engage, c'est une lutte terrible, un acharnement égal de part et d'autre. Ce n'est en l'air qu'une grêle de pierres, de flèches, de javelots qui tombent sur les salades, les rondaches, les pavois des assiégeants, les rompent, les brisent et sèment la mort au hasard.

Après huit heures d'une lutte acharnée pendant laquelle assiégeants et assiégés eurent tour à tour le dessus, le roi et le comte de Blois se retirent pour se concerter. Pendant ce temps, Suger payait aussi de sa personne. Craignant l'impuissance des premiers efforts, il était allé dans les campagnes environnantes ramasser nombre de vieilles portes, d'ais, de pieux, de bois, pour faire des mantelets, des taillevas. De plus, il amenait à sa suite des chariots pleins d'épines, de paille, d'huile, de graisse, de sang de bœuf, en un mot de toutes matières inflammables. Il arrive et, après avoir fait ranger les combustibles au pied de la muraille, il commande qu'on y mette le feu. Bientôt un nuage d'épaisse et infecte fumée monte vers les assiégés. Leur vue en est obscurcie, les assaillants échappent à leurs coups. Ils gagnent du terrain, leur trouée s'avance, et le succès ne paraît pas douteux, quand une pluie épouvantable et le changement de vent viennent un peu déconcerter leurs efforts.

Les compagnons de Hugues voient dans cette pluie un secours du ciel; leur courage se relève, leur ardeur se ranime et ils recommencent la lutte avec vigueur. Les assiégeants, battus, repoussés de toutes parts, désespèrent du succès, quand un certain curé, le chauve curé de Guilleville, arrive avec tous ses paroissiens attaquer aussi le tant redouté seigneur du Puiset, qui souvent, assiégeant sa basse-cour, lui avait enlevé ses poules, ses canards, et même aussi son cellier.

Ce brave curé, qui, selon l'expression d'Auteuil,

n'avait pas passé tout son temps à faire des prônes, au moment où les troupes mollissaient et commençaient à fuir, s'emparant d'un méchant ais en guise de bouclier, se lance vers la tour du côté de Neuvy où elle n'avait pas encore été attaquée; il monte, la tête nue, jusqu'au pied de la palissade, trouve une espèce d'abri, s'y cache et s'ouvre en silence un passage. Il fait en même temps signe à ce qu'il y avait de soldats incertains et désœuvrés dans le camp. Ils l'aperçoivent sans défense; ils volent avec des haches, des armes, toutes sortes d'instruments, ils fendent, brisent, forcent tous les obstacles. Les assiégeants ont vu que la palissade est rompue, ils se portent de ce côté. A ce moment le roi et le comte de Chartres, un peu honteux de voir un curé de campagne leur apprendre à enlever une forteresse, se précipitent à à leur tour par la trouée et rivalisent d'ardeur. A cette vue, Hugues gagne le haut de la tour, blessé, et là, craignant d'être accablé sous la grêle de flèches et de traits qu'on y faisait pleuvoir, il se rend. Chargé de chaînes, il fut envoyé au Château-Landon pour y demeurer prisonnier. Louis fit vendre à l'encan tous ses meubles, et, de plus, il donna ordre de détruire son château. Dom Félibien rapporte qu'après cette expédition Louis VI vint à Orléans, où il fit dresser un acte qui sert encore à confirmer tout ce que Suger a écrit touchant la rébellion et le châtiment du seigneur du Puiset.

L'acte commence par marquer que les rois doivent premièrement apprendre à se gouverner sagement eux-mêmes; en second lieu, qu'ils sont obligés d'employer toute leur autorité contre les violateurs des lois et de leurs propres ordonnances, et qu'après cela il n'est rien à quoi ils doivent travailler plus qu'à

PRISE DU CHATEAU DU PUISET.

protéger les gens de bien et particulièrement les personnes consacrées à Dieu. Le roi ajoute que c'est précisément ce qu'il a voulu lorsqu'il a pris les armes contre le seigneur du Puiset, qui ne cessait depuis longtemps d'opprimer en mille manières l'église et les vassaux de Saint-Denis, et qu'après l'avoir fait prisonnier et avoir détruit son château en punition de ses violences, il avait voulu, par acte public, décharger les terres de Saint-Denis de toutes les redevances et mauvaises coutumes que le seigneur du Puiset en avait jusque-là exigées.

Cet acte marque une ère absolument nouvelle dans l'administration du royaume, dans la politique que va suivre le roi de France. S'unir aux églises pour combattre les seigneurs féodaux, pour se débarrasser de ces ennemis pillards qui ne voulaient se soumettre à aucune autorité, qui ne reconnaissaient d'autre droit que la force, qui étaient un obstacle à tout ordre, à toute sécurité dans l'État, à toute garantie pour l'agriculture, ce n'était pas une mince besogne, mais celui qu'on a surnommé avec raison l'Éveillé, le Batailleur, était de taille à l'entreprendre et à la mener à bien.

Le seigneur du Puiset était dans sa prison, la démolition de son château était commencée, quand le comte de Chartres, qui avait combattu avec le roi dans l'espoir qu'il lui abandonnerait cette forteresse pour garantir la frontière de son comté, se trouva déçu dans ses espérances en la voyant réunie au domaine royal. Il commença à élever un château fort dans sa métairie d'Alone, située dans la châtellenie même du Puiset et à reculer par conséquent jusque-là les limites de son fief. A cette nouvelle le roi envoya à Thibaut la défense de continuer son travail et il fit suspendre la démolition du Puiset, dont il conserva seulement la grosse tour par mesure de prudence, puis il réclama le territoire d'Alone comme une propriété royale. Le roi voulait soutenir par le gage de bataille la justice de son droit, Thibaut accepta le défi. Huguenin incline à croire que l'évêque de Chartres et le prévôt de Toury contribuèrent à empêcher une rencontre aussi opposée au véritable esprit de justice qu'à la dignité royale. En attendant l'issue du procès, Louis chercha quelque moyen d'effacer l'impression de terreur si longtemps produite par le seul nom de Puiset. Sur l'avis de Suger, il établit dans la cour du château, dont les remparts avaient été ruinés, un marché public qui devait se tenir le samedi de chaque semaine.

Thibaut, ne voulant pas céder, se décida à déclarer la guerre au roi de France; il eut recours à son oncle, Henri Ier, roi d'Angleterre, qui trouva un intérêt à protéger le comté de Chartres, voisin de la Normandie. Et sans tenir compte de la trêve que Suger lui avait fait conclure avec Louis VI, il se concerta avec son neveu pour organiser dans toute l'étendue de l'Ile-de-France une ligue composée des seigneurs qui subissaient à regret l'autorité royale et voyaient bien qu'avant peu, si l'on n'y mettait obstacle, la puissance seigneuriale ne tarderait pas à être singulièrement abaissée.

Thibaut invoqua vis-à-vis des seigneurs ses liens de famille avec la plupart d'entre eux, et leur promit surtout le rétablissement de leurs anciennes libertés. Hugues de Crécy, son père Guy II de Rochefort et Milon de Montlhéry entrèrent les premiers dans la ligue; ils furent suivis de beaucoup d'autres. On dressa un plan d'attaque des mieux conçus. Mais le roi de France ne fut pas moins habile à combiner la défense : il se concerta avec Ansel de Garlande, officier de la couronne, qui toujours avait montré le plus grand dévouement pour la défense des prérogatives royales, avec Suger, dont il appréciait plus que jamais l'esprit prudent et sage et aussi le courageux dévouement. A la tête de la fidèle garnison de Toury, transformé en forteresse, il se chargea de surveiller dans le midi de l'Ile-de-France les ennemis du roi. Sur la frontière de Normandie, les châteaux furent mis en état de défense et il s'assura aussi dans cette contrée des auxiliaires dévoués. De semblables mesures furent concertées au nord du royaume. Au milieu de toutes ces préoccupations, Louis VI fut appelé au mois d'avril 1112 à Laon par l'évêque Gaudri, qui, mécontent des bourgeois de cette ville, lui demandait de dissoudre leur commune. Le roi de France avait à se plaindre de cette ville, où l'on n'avait pas craint de lui voler ses chevaux et aussi de battre les gens qui les conduisaient, et, étant pressé aussi par le besoin d'argent, il accepta les sept cents livres que lui avait promises l'évêque, et le 18 avril 1112 il prononça la dissolution de la commune. A la suite de cet acte impolitique, une effroyable insurrection éclata dans la ville de Laon. Le palais de l'évêque et plusieurs églises furent brûlés; l'incendie s'étendit à la ville. L'évêque fut tué, ainsi qu'un certain nombre d'autres personnes. Et les révoltés, craignant sans doute une répression, s'enfuirent demander asile à Thomas de Marle, sire de Coucy, qui leur donna son château de Nogent pour refuge.

L'affaire de Laon avait été mauvaise pour le roi de France : elle lui avait enlevé de son prestige à un moment où il avait besoin de toute son autorité et de toutes ses forces pour combattre la ligue qui s'était

MORT DE L'ÉVÊQUE DE LAON.

formée contre lui. La mort de Eudes, comte de Corbeil, vint encore compliquer la situation. Le comte de Chartres avait des prétentions à sa succession et il était important d'empêcher le château de Corbeil de tomber sous la domination d'un seigneur aussi mal disposé pour le roi.

CHAPITRE VII

Hugues rentre en grâce, puis se révolte. — Siège de Toury et nouveau siège du château du Puiset.

Le roi n'osa s'attribuer la succession de Eudes, qui cependant était mort en portant les armes contre lui. Mais il pensa à Hugues le Beau, son prisonnier, parent du comte de Corbeil à un degré plus rapproché que ne l'était Thibaut, comte de Chartres. Il s'imagina de soutenir les droits de Hugues, il songea à lui proposer de le rendre libre, de le mettre en possession du château de Corbeil et de la terre du Puiset, aux conditions suivantes : Rendre tous les impôts qu'il avait levés autrefois sur les églises et les monastères ; ne faire au Puiset aucune fortification sans sa permission. Mais, avant d'agir, le roi réunit son conseil. Suger, invité à donner son avis, dit que le roi ne pouvait abandonner Corbeil aux mains de son ennemi. Il représenta qu'une fois en liberté Hugues du Puiset pourrait bien ne pas tenir ses engagements ou recommencer ses hostilités. Néanmoins le roi fit proposer la liberté à Hugues le Beau, qui, pour l'obtenir, accepta toutes les conditions que le roi voulut bien y mettre.

Il jura de ne point faire la guerre au roi. Mais, à peine eut-il revu son château démantelé et occupé par des marchands, qu'il ne put contenir sa colère, que, semblable à un chien, dit Suger, qui, ayant été longtemps enchaîné, est devenu libre, mord et déchire, Hugues jura de reconstruire son château, d'y rentrer en maître et de ruiner la prévôté de Toury.

Pour arriver à ses fins, il songea d'abord à se mettre en rapport avec les principaux chefs de la ligue contre le roi et trouva encore des auxiliaires tout disposés à servir ses desseins. Mais il avait compris que, pour les réaliser, il fallait d'abord ou s'emparer de Toury, qui venait d'être fortifié, ou en ruiner les principaux ouvrages, afin que l'armée du roi ne pût y venir camper une seconde fois.

Pour qu'on se doutât moins de ses projets, il alla voir Suger à Toury, en prenant le prétexte d'une faveur à demander au roi; il le pria de vouloir bien être son intermédiaire et d'aller le trouver, espérant, pendant son absence, s'emparer de son château. D'après Auteuil et plusieurs autres historiens, ce fut le comte de Chartres, d'accord avec le seigneur du Puiset, qui alla trouver Suger et lui fit des promesses de paix mensongères, lui donnant un blanc-seing pour faire cette paix avec le roi aux conditions qu'il voudrait.

Suger, en homme droit et généreux, oublia tous les maux que Hugues lui avait causés. Il consentit à faire ce qu'il lui demandait : il partit vers le roi ; néanmoins il eut le soin de laisser dans son château une bonne garde de gens en état de se bien défendre. Cette précaution ne fut point inutile, comme on va le voir.

Écoutons-le parler à cet égard.

« M'étant présenté, dit-il, devant le roi, que nous rencontrâmes en deçà de Corbeil, il me demanda aussitôt le sujet de mon voyage, et comme il avait des nouvelles de tout ce qui se tramait, il rit de ma simplicité.

« Il me découvrit alors le mystère, non sans me témoigner beaucoup d'indignation contre la supercherie de Hugues et me renvoya en diligence défendre Toury, pendant qu'il irait de son côté sur le chemin d'Étampes pour rallier ses troupes dans le dessein de nous secourir. Nous marchâmes donc droit à Toury, où nous jetions souvent les yeux pour voir si nous ne pourrions point découvrir la tour du château. Cette tour étant à trois étages et dans un plat pays se faisait apercevoir de fort loin. Nous jugions bien à cette seule marque qu'il fallait que le château n'eût pas encore été forcé, doutant que les ennemis n'auraient pas manqué de mettre le feu à une tour qui n'était qu'en bois. Mais comme ils couraient et ravageaient le pays des environs, malgré tout ce que nous pouvions promettre aux gens que nous rencontrions, personne ne voulait nous suivre, nous étions obligés d'avancer avec un maintien d'autant plus assuré que nous étions moins nombreux. Nous arrivâmes sur le soir au moment où les assiégeants, après des attaques continuelles qu'ils avaient faites tout le jour, prenaient un peu de repos; nous résolûmes de traverser leurs rangs comme si nous eussions appartenu à leur armée. Les choses allèrent assez bien jusqu'au moment où nous arrivâmes vers le milieu du bourg; peu s'en fallut alors que nous ne fussions découverts. Mais, tandis que nous nous expliquions tant bien que mal avec les sentinelles, nos gens, qui nous tenaient une porte ouverte, nous donnèrent le signal. Alors, poussant à toutes brides à travers les troupes ennemies, nous pûmes nous dégager et arriver en toute hâte à entrer dans la place, à la grande surprise de nos ennemis. »

L'arrivée de Suger causa une grande joie aux assiégés, et comme si, avec lui, ils n'avaient plus rien à craindre, ils se moquaient des ennemis et voulaient engager le prévôt de Toury à les attaquer. Mais Suger songea qu'il fallait agir avec prudence, et fit partir un messager pour avertir le roi de son entrée dans la place. Les assiégeants, poussés à bout par les railleries de la garnison de Toury, tentèrent un assaut en plein midi, et malgré un combat acharné dont l'issue parut plusieurs fois incertaine, ils furent obligés de se retirer après avoir fait des pertes considérables. Les personnes de condition qui furent blessées à ce siège étaient en si grand nombre, dit Suger, qu'on ne voyait que litières et brancards qui venaient enlever ces infortunés seigneurs pour les transporter à Chartres. Louis arriva quelques jours après à la tête de son armée. Hugues averti s'était retiré dans son château, se pressant d'achever sa forteresse qu'il avait commencé à rebâtir; le comte de Chartres et Raoul de Beaugency étaient venus lui prêter main-forte. Le roi s'était rendu immédiatement au Puiset; il avait décidé que deux attaques se feraient contre le château : il commanderait l'une, et l'autre serait dirigée par son sénéchal Ansel de Garlande. Et sur le bruit répandu que Thibaut s'était flatté de le combattre en rase campagne, Louis, d'après le récit d'Huguenin, ordonna de ne pas descendre de cheval et s'avança de pied ferme pour confondre d'une manière éclatante les prétentions du comte de Chartres.

En le voyant arriver avec une contenance si fière, ses ennemis, qui avaient déjà pris quelque chose de la tactique normande, se retranchèrent derrière l'ancien rempart du château, qu'ils avaient rétabli à la hâte et le mieux possible; ils avaient calculé que les gens du roi, en s'efforçant de gravir le revers du fossé, dérangeraient leurs lignes, et qu'il serait plus facile alors de jeter le désordre au milieu d'eux. Au premier choc, les cavaliers de Louis repoussèrent vivement l'ennemi au dedans du fossé, et le poursuivirent sur tous les points. A ce moment, Raoul de Beaugency fit sortir un corps de troupes fraîches qu'il avait tenu cachées derrière l'église du château, et fondit impétueusement sur les hommes du roi, qui reculèrent jusqu'au fossé, en rendant toutefois à leurs adversaires de terribles coups. Mais, dans la confusion générale, les compagnons de Louis ne peuvent plus reconnaître leurs ennemis : alors le roi s'élance sur le premier qu'il rencontre, soutient vaillamment la retraite, appelant à lui par leurs noms ses plus braves chevaliers et luttant seul à coups d'épée contre les groupes d'ennemis qui l'entourent. Tout à coup son cheval s'abat de fatigue et le prince se voit sur le point d'être pris ou tué; on lui présente en ce moment son propre coursier; alors, tenant sa bannière haute, il revient à l'attaque avec une poignée d'hommes, arrache plusieurs prisonniers à l'ennemi et l'empêche, par l'audace de son choc, d'avancer plus loin.

Les compagnons de Louis, dispersés de tous côtés, se retirèrent les uns à Orléans, les autres à Étampes ou à Pithiviers. Quant à lui, il revint à Toury se consoler près de Suger de son échec et préparer les moyens de prendre au plus tôt une glorieuse revanche.

Mais, d'autre part, cinq cents Normands arrivèrent pour soutenir les alliés. Milon de Montlhéry, Hugues de Crécy, Guy II de Rochefort vinrent aussi à leur tour renforcer le Puiset et, avec leur aide, les fortifications du château furent entièrement achevées dans l'espace d'une semaine.

Alors Hugues eut l'idée d'aller assiéger le roi dans Toury; mais, en s'avançant vers cette place, il ne tarda pas à apercevoir hors des remparts le roi à la tête d'une nombreuse armée ; aussitôt il retourna dans sa forteresse. Louis VI, voyant qu'il ne tentait pas de nouvelle attaque, résolut d'assiéger le Puiset. Alors Hugues fit une sortie, mais il fut repoussé et obligé de rentrer dans la place. L'armée royale s'empara de la tour du Boël, éminence située à un jet de pierre de la tour du Puiset et d'où l'on pouvait voir tout ce qui s'y passait. Le roi l'entoura d'un fossé profond, d'une forte palissade et la remplit de troupes. Puis l'armée royale se retira à quelque distance dans la métairie de Janville, où Suger lui avait conseillé de se ménager une retraite, il l'entoura d'une forte clôture de pieux et de claies de bouleaux entrelacés.

Le comte Thibaut, de son côté, avait toujours fort à cœur d'attaquer l'armée royale en plaine et de montrer que la protection d'un rempart ne lui était pas nécessaire contre les ennemis. Louis lui-même n'avait fortifié Janville que pour s'en servir au besoin de retraite et il n'entendait pas en faire son principal moyen de victoire. Il ordonna en conséquence à ses chevaliers de dresser leurs tentes en dehors du retranchement. Mais pendant que les soldats du roi étaient occupés de ce soin, Thibaut à la tête de ses guerriers fondit sur eux, et alors s'engagea une lutte acharnée où l'amour-propre animait presque seul la fureur des deux partis. Les hommes du roi, trop inférieurs en nombre, rentrèrent pour la plupart dans le camp, mais Louis, n'ayant plus avec lui que le vaillant Raoul et deux ou trois chevaliers, aima mieux soutenir un combat inégal que de déroger à l'excellence de la royauté en se couvrant d'un rempart. Alors Thibaut, qui se croit déjà vainqueur, ordonne aux siens de trancher à coups d'épée la tente du comte Raoul. Mais celui-ci s'élance devant eux et leur crie : « Halte ! les gens de la Brie n'ont jamais osé pareille chose contre ceux du Vermandois ; » en même temps il se précipite sur eux au cri de Vermandois ! Vermandois ! Des hommes accourent à son aide et, excités par l'exemple du roi, ils se précipitent avec une telle ardeur contre les Chartrains, que ceux-ci, dit Suger, plient, reculent jusqu'au château du Puiset, dont Thibaut, couvert de sang et de blessures, se fait ouvrir les portes pour sauver ses chevaliers d'une entière extermination.

Thibaut, voyant que le seigneur du Puiset allait être obligé de se rendre, chercha à se tirer d'affaire le mieux possible. Il envoya supplier le roi de lui permettre de retourner à Chartres, promettant de le laisser maître du château du Puiset et abandonnant Hugues le Beau à sa discrétion.

Suger intervint en faveur de Thibaut ; il put retourner dans son comté. Quant à Hugues, grâce encore aux instances de Suger, il eut également l'autorisation de se retirer à Chartres, mais il fut dépouillé de ses biens et son château presque entièrement ruiné. D'autres historiens racontent qu'il s'échappa furtivement de son château avec quelques amis et que le roi, mécontent de sa fuite, ainsi que le dit Suger dans la *Vie de Louis le Gros*, le déclara déchu de ses droits d'hérédité, fit détruire les murailles, défoncer les puits de son château et le raser comme étant un lieu maudit.

CHAPITRE VIII

Suger négocie la paix avec le roi d'Angleterre. — Il assiste à plusieurs conciles. — Son voyage à Rome. — La querelle des investitures. — Troisième siège du Puiset. — Mort de Hugues.

La ruine du château du Puiset, la soumission du comte de Chartres exercèrent une grande influence sur l'esprit des campagnes de la Beauce et aussi sur les seigneurs, qui voyaient chaque jour l'autorité royale prendre plus de force, plus de prestige et s'élever comme un pouvoir réparateur au milieu des désordres de la féodalité. On commençait à s'apercevoir qu'il y avait vraiment un roi de France. Les circonstances étaient très favorables pour négocier la paix avec le roi d'Angleterre. Suger, qui à sa réputation d'homme habile et persuasif venait d'ajouter celle d'un véritable homme de guerre, se chargea de la négociation; il fut en effet accueilli avec la plus grande marque de déférence. Dès qu'il apparut, Henri se leva pour aller à sa rencontre, ce qui fut pour Suger d'un très bon augure. En effet Henri accepta les propositions qu'il lui faisait : à savoir que Louis laisserait Gisors au roi d'Angleterre, qui en retour devrait donner des garanties de sécurité pour la France, et ce traité fut signé par les deux rois pendant la dernière semaine de carême de 1114.

Vers la fin de la même année arriva en France

l'évêque de Préneste, Conon, légat du saint-siège de Jérusalem, qui venait intéresser à la cause du pape Pascal II, maltraité par l'empereur d'Allemagne Henri V, qui l'avait forcé de rendre aux laïques le droit absolu de l'investiture. Le légat convoqua une assemblée à Beauvais le 2 décembre.

Député à ce concile par son abbaye, Suger y défendit avec éloquence la cause de l'Église et il profita de l'influence qu'il avait prise dans cette assemblée pour y faire excommunier, en même temps que l'empereur, Thomas de Marle, seigneur de Coucy, connu pour tous ses dommages aux églises d'Amiens, de Noyon, de Laon et de Reims et qui avait détruit la commune d'Amiens, instituée l'année précédente par l'évêque Geoffroy.

Suger comprit tout de suite qu'il fallait que le roi fît pour le nord de l'Ile-de-France ce qu'il avait fait pour le centre contre Hugues du Puiset; il le détermina à marcher contre le sire de Marle (1115). Il s'empara du château de Coucy, le brûla, prit ensuite celui de Nogent, imposa à Thomas de Marle pour sa rançon une somme d'argent considérable et le força de restituer ce qu'il avait pris aux églises et à dédommager tous ceux qui avaient eu à souffrir de ses exactions.

De son côté, le pape invita le clergé de France à un concile qui devait s'ouvrir dans la ville de Rome au mois de mars 1116, pour demander à l'Église la condamnation solennelle du privilège des investitures qui lui avait été arraché de force. Suger fut encore désigné pour assister à ce concile. Il y fut accueilli avec la plus grande marque de bienveillance par le pape, qui avait gardé bonne mémoire du religieux de Saint-Denis.

Nous verrons plus tard comment les chefs-d'œuvre

de la peinture et de la sculpture que Suger admira en Italie influèrent sur son goût et sur sa détermination.

A peine de retour de Rome, il alla auprès du roi d'Angleterre pour lui persuader qu'il était de son intérêt et de son devoir de se rendre à la soumission que lui imposait son duché de Normandie; Suger lui promit en retour les égards et le respect dus à son rang. Louis VI avait trop humilié le roi d'Angleterre pour qu'une réconciliation fût possible. Henri ne voulut point écouter les conseils de Suger, et le roi de France résolut dès lors de donner la Normandie à Guillaume Cliton, âgé de quatorze ans, fils de l'ancien duc Robert. Un tel projet ne pouvait qu'augmenter le ressentiment du roi d'Angleterre, qui fortifia ses frontières, tandis que Thibaut et Hugues de Coucy cherchaient à reconstituer l'ancienne ligue formée dans l'Ile-de-France contre le roi.

Dans le courant de l'été de 1117, Louis VI se dirigea vers la Normandie, mais il ne tarda pas à savoir que Henri Ier arrivait avec une nombreuse armée. Il crut prudent de se retirer; néanmoins il avait la ferme résolution de revenir dès le mois de mars. Il tint parole. Quelques-uns de ses hommes s'étant déguisés en moines s'emparèrent sur la rive droite de l'Epte, non loin du gué Saint-Nicaise, d'une chapelle qu'il fortifia et où il se retrancha avec sa petite armée. Pendant ce temps le sire de Coucy déployait toute son activité à rassembler dans l'Ile-de-France les ennemis du roi.

Suger, lui, se fortifiait le plus possible dans Toury, car ce qu'il avait prévu se réalisait. Malgré tous ses serments, Hugues du Puiset fit cause commune avec le sire de Coucy; il résolut de se servir encore une fois de son château comme centre d'attaque contre le roi.

LE CHATEAU DE COUCY (ÉTAT ACTUEL).

A cette nouvelle, Louis arriva leur livrer bataille sous les murs mêmes du Puiset. Il fallut donc pour la troisième fois faire le siège de cette redoutable forteresse où tant d'hommes avaient déjà été tués. Après avoir longtemps résisté aux assaillants, le seigneur du Puiset songea à faire une sortie vigoureuse avec l'élite de sa garnison. Le roi accourut avec quelques escadrons de sa cavalerie, qui le chargèrent si rudement, que non seulement ils l'arrêtèrent au milieu de sa fougue, mais le firent reculer. Le sénéchal Anselme de Garlande, posté sur une éminence, vit son mouvement de retraite; il partit aussitôt par un sentier très étroit pour lui barrer le chemin. Il arriva assez tôt. Le seigneur du Puiset se voyant pris, et ne pouvant retourner en arrière, où il aurait rencontré les troupes du roi, se lança en avant sur le sénéchal, voulant seulement, dit dom Gervaise, le renverser de cheval et s'ouvrir un passage pour rentrer dans son fort; mais, poussé par n'importe quel motif, Hugues ne lui traversa pas moins le corps avec sa lance, et le sénéchal tomba mort sur le coup.

Après un tel meurtre, convaincu que cette fois il n'obtiendrait pas grâce, le seigneur du Puiset prit la fuite, se sauvant à toute bride, abandonnant sa maison et les siens à la discrétion du roi. En apprenant la mort d'Anselme de Garlande, la douleur de Louis VI fut immense. Sénéchal et ministre, Anselme était d'une bravoure et d'une fidélité à toute épreuve. Il avait pris part à toutes les luttes de la royauté contre les seigneurs, il avait puissamment contribué par son courage, son énergie et ses conseils à relever le pouvoir royal. Sa mort devait nécessairement faire un grand vide auprès du roi; aussi fit-il transporter son corps avec la plus grande pompe au prieuré de Gournay-sur-

Marne, dont il lui avait donné le château. Et depuis il n'accorda aucune grâce sans mettre pour condition de prier pour le salut de son cher sénéchal ; de même, lorsqu'il abandonna aux moines de Morigny l'amortissement d'une redevance qu'ils réclamaient, il leur demanda également des prières pour lui. Quant à la forteresse du Puiset, cette fois elle fut réduite en cendres, et Hugues fut dégradé de toute noblesse. Errant et vagabond, craignant à chaque instant pour ses jours, il eut recours au dernier remède des malheureux de ce temps-là, qui était de se mêler aux troupes qui tous les ans partaient pour la Terre Sainte, et il fut assassiné à Jérusalem vers 1133.

Ainsi furent terminées ces terribles guerres contre le château du Puiset, la terreur du pays. De cette forteresse féodale, il ne reste plus que l'entrée, qui était défendue par un donjon qui n'existe plus, et à gauche, dans la cour de la ferme, les vestiges de la seconde tour construite sur une éminence et qui a été presque entièrement rasée. On peut constater l'épaisseur des murs, qui n'ont plus çà et là que quelques mètres de hauteur. Une fois monté sur les restes de cette tour, on peut très bien se rendre compte de l'étendue du château, de ses fossés et de ses enceintes.

En dehors de la ferme actuellement construite à l'entrée du château, vers le nord-est, est l'éminence sur laquelle s'élevait la tour du Boël, dont on ne voit plus qu'une éminence et qui, avec les deux autres tours, formait la principale défense du Puiset. M. Jules Viollette, maire de Janville, qui a bien voulu visiter avec nous ces ruines, nous a dit que du château partaient des souterrains passant sous la tour du donjon et communiquant avec la tour du Boël, en se prolongeant jusqu'à Neuvy.

CHAPITRE IX

Suger restaurateur de l'agriculture en Beauce et de l'administration municipale.

Hugues du Puiset mort, son château rasé, c'était la paix assurée pour le domaine de Toury et pour les campagnes environnantes. Dès lors Suger songe à reprendre son œuvre agricole, à protéger son domaine de Toury qui avait beaucoup souffert des dernières guerres et, pour cela, il fait appel à la protection du roi. Louis VI avait reçu un trop grand secours du prévôt de Toury contre le seigneur du Puiset pour ne pas lui en témoigner sa reconnaissance, pour ne pas lui accorder une protection qui ne pouvait qu'augmenter son autorité. Aussi dès l'an 1118 il concède à Suger une charte par laquelle il lui permet d'établir à Toury un marché tous les vendredis et de recevoir tous les droits et profits qui pourraient en provenir.
Il ôte et supprime toutes mauvaises coutumes, toutes mauvaises exactions qui avaient été introduites sur les terres de l'abbaye par le seigneur du Puiset.

Veut et ordonne que les garnisons et forteresses du château de Toury demeurent pour servir contre les ennemis du royaume, confirme à Toury le droit d'avoir un château fort qu'il lui avait déjà octroyé.

Cette charte donnée par le roi, c'était Suger qui l'avait dictée, avec l'intention bien arrêtée de transformer le domaine de Toury comme il avait transformé celui de Berneval. A Toury, il agissait sur un plus grand domaine, son influence devait être aussi beaucoup plus importante. Aussi verrons-nous Suger devenu abbé de Saint-Denis se faire un devoir d'augmenter la prévôté de Toury; lui-même dit : « J'y fis construire un château bien fortifié et entouré d'une palissade; au-dessus de la porte principale s'éleva une tour pour la protéger et des bâtiments propres à la défense : c'est ainsi que je parvins à assurer la liberté de cette ville et à la conserver intacte. »

Aujourd'hui ce château est presque complètement transformé en bâtiments de culture. On ne remarque extérieurement que deux fenêtres cintrées et un contrefort qui rappellent la construction première.

On peut citer encore comme souvenir de Suger à Toury la rue de la Franchise, et dans cette rue une maison appelée le Couvent. Nous devons à l'obligeance de M. Lambert, directeur et créateur de la sucrerie de Toury, qui a déterminé d'importants progrès dans la culture du pays, d'avoir vu ces lieux.

Dans le château de Toury était toujours une bonne garnison, qui non seulement pouvait être utile contre les ennemis du roi, mais aussi contre ceux de l'agriculture. Les cultivateurs sont désormais à l'abri des exactions, ils ne seront plus troublés ni rançonnés, ils pourront se livrer en toute sécurité aux travaux des champs. Non seulement ils laboureront, ils ensemenceront paisiblement, mais ils récolteront, et ils pourront aller vendre leurs produits sur un marché à leur portée.

Ces réformes en faveur de l'agriculture, Suger ne les opéra pas seulement à Toury, il les étendit aux autres domaines de l'abbaye. Ainsi Monnerville, qui, comme nous l'avons vu, était sous le joug des seigneurs de Méréville, réduite à une telle solitude, que les cultivateurs avaient renoncé à la cultiver, fut restaurée. Suger résolut de ramener le seigneur de Méréville au respect du droit de l'abbaye. Il le mit en cause, mais celui-ci prétendit qu'il avait le droit d'exercer les coutumes dont il usait. Grâce à l'énergie de Suger, le seigneur renonça par serment à toutes ses mauvaises coutumes. Aussi vit-on en pareil temps la terre de Toury rapporter à Suger trois fois plus qu'à ses prédécesseurs, et celle de Monnerville dix fois plus.

C'est là un fait bien remarquable que cette rénovation de l'agriculture déterminée par Suger; nous ne saurions trop nous y arrêter, car elle aura sur la condition des terres et des personnes une très grande influence dans le mouvement du XIIe siècle.

En même temps que le prévôt de Toury administrait avec tant d'intelligence et de profit les terres de l'abbaye et qu'il assurait aux habitants des campagnes des conditions meilleures et plus sûres, il s'occupait aussi de l'administration municipale ; il donnait aux fonctions de maire une importance plus grande, celui-ci devait être élu par l'abbé ou le prévôt, qui aurait le droit de le révoquer s'il manquait à son devoir, s'il refusait l'obéissance.

Les échevins, assesseurs de ce magistrat dans les affaires d'administration et de justice, étaient assujettis eux-mêmes à l'accomplissement exact de leurs devoirs, aussi bien qu'à une subordination rigoureuse qui devait garantir l'ordre public.

Grâce à ces réformes, grâce au rétablissement de sa juridiction sur les terres de l'abbaye, Suger fit prévaloir l'échevinage sur l'avouerie féodale, et la justice fut rendue avec plus de précaution et de dignité.

Partout la terre fut mieux cultivée, elle fut améliorée. La part du propriétaire, celles de l'avoué, du maire et des échevins furent déterminées suivant une mesure que personne ne put dépasser.

Les cultivateurs connaissent leurs droits, et savent ce qu'ils pourront recueillir de leur travail; leur courage est relevé par l'espoir de la propriété, qui de jour en jour s'affranchit davantage. De plus les paysans qui ont le courage de venir habiter les terres abandonnées sont exemptés de toute taille, et ces exemptions appellent de tous côtés ceux qui veulent posséder et vivre en famille. L'ordre, le bien-être et la moralité commencent à se rétablir sur les terres.

Cette rénovation de l'agriculture dont Suger avait été l'instigateur fut importante non pas seulement pour la production du sol, mais aussi pour la politique. Sauver la royauté par les paysans et les paysans par la royauté, tel est le but que Suger poursuivait. Apprendre aux paysans à combattre pour la royauté, à la faire respecter, à la restaurer, à la sauver, et leur présenter ensuite le roi comme leur bienfaiteur et leur père, tel fut le triomphe de sa politique. En effet, nous avons vu comment l'alliance de Saint-Denis et de la royauté, du paysan des paroisses avec les troupes du roi, avait triomphé des seigneurs féodaux.

Le prodigieux accroissement de Toury transformé en petite ville dans le court espace de dix ans nous atteste à la fois l'habileté du prévôt de Toury et la puissance des moyens d'action qu'il sut mettre en œuvre. Il a déclaré lui-même que la prévôté de Toury, qui dans le principe rapportait vingt livres, s'était élevée à quatre-vingts, soit environ 2000 fr. de notre monnaie actuelle. Suger avait aussi acheté des fiefs de ses propres deniers, pour pouvoir stationner chaque année pendant deux mois dans son château de Toury.

Louis VI ne pouvait rester étranger à des réformes qui avaient tant augmenté les revenus de l'abbaye de Saint-Denis; il comprit que les mêmes améliorations pouvaient s'obtenir dans le domaine royal. L'attrait d'une protection constante, l'affranchissement immédiat, la création de la propriété au profit du travailleur affranchi, moyennant un loyer pour son habitation, la dîme ou le champart dans le produit de la terre, l'exemption des tailles ou du service militaire, tels furent les moyens qu'il crut devoir employer pour attirer les populations des champs sur les terres qui réclamaient le plus impérieusement la main et le travail de l'homme. Puis, quand un certain nombre de paysans s'étaient groupés, le roi choisissait parmi eux celui qui lui semblait le plus intelligent, le plus digne de confiance, et il l'investissait, sous le titre de maire, d'une sorte de commandement sur ses confrères employés à la culture, au défrichement des terres.

Le roi se mit aussi d'autant plus volontiers à favoriser les affranchissements sur les terres de l'Église, que son consentement était nécessaire dans toutes les manumissions. Il accorda aux serfs des abbayes des privilèges, des chartes royales. Il leur permit de porter témoignage devant les tribunaux, et les déchargea de toutes coutumes royales; il établit aussi entre les habitants des villages de l'Église et ceux qui demeuraient sur ses terres une sorte de solidarité qui les faisait s'armer ensemble et défendre ensemble l'Église ou le roi. Il réalisa ses projets de colonisation agricole. Nous le voyons dès 1119 accorder une charte d'affranchissement et de privilèges aux hommes qui voudront venir habiter une terre qui lui appartenait et nommée pour cela *Angereregis*, qui n'est autre qu'Angerville entre Monnerville et Toury. Cet endroit était abandonné, réduit en solitude. Enclavé pour ainsi dire au milieu du domaine de Saint-Denis, il serait protégé par le prévôt de Toury; ceux qui en cultiveraient les terres auraient pour ainsi dire sous les yeux ses bons exemples de culture. Pour repeupler cet endroit, non seulement le roi affranchit ceux qui l'habiteraient, mais il les prit sous sa protection; ils relevèrent de sa justice : les prévôts, les maires n'avaient le droit d'exiger d'eux ni impôt, ni taille, ni ost, ni chevauchée. Ils devaient seulement payer un cens de huit ou de dix deniers, plus six deniers par arpent de terre qu'ils voulaient cultiver. C'est ainsi qu'Angerville, qui naguère était déserte, « gastée », dévastée, ne tarda pas à se peupler. Elle conserva cependant un souvenir de son état primitif : on l'appelle encore aujourd'hui Angerville la Gâte.

L'année suivante, Louis VI, par une charte non moins remarquable, confirme les donations faites par Philippe Ier, son père, à l'abbaye de Morigny près d'Étampes et lui accorde de nouveaux privilèges.

D'abord il prend sous sa protection, sous sa sauvegarde ainsi que sous celle de ses successeurs, l'abbaye, avec toutes ses églises, maisons, terres et autres choses qui lui avaient été données, et qu'elle possédait à juste titre ou qu'elle acquerrait à l'avenir, avec défense à toutes personnes d'y porter aucun dommage et de contraindre contre la volonté de l'abbé les hôtes ou personnes dépendantes de son abbaye, tant de condition franche que servile, de s'obliger soit comme cautions ou autrement pour quelque cause ou occasion que ce soit.

Il exempte de son ban tous les habitants du lieu où l'abbaye est située.

Cette charte nous montre une amélioration importante apportée dans la condition des serfs. Ceux de l'abbaye seront traités comme des serfs royaux : ils pourront témoigner en jugement, ils pourront, en épousant une serve du roi, devenir propriétaires. Ils sont soustraits à la justice du prévôt, et les serfs qui seront donnés à l'abbaye pourront être affranchis par le roi. Ces affranchissements, ces conditions meilleures donnés aux serfs des abbayes ne sont pas simplement dictés par l'amour de Dieu ; il y a une intention bien marquée d'établir entre les hommes du roi et ceux de l'Église une sorte de lien de confraternité.

En Beauce, dans l'Ile-de-France, grand nombre de villages appartenaient aux abbayes, à Saint-Denis, à Saint-Martin des Champs, Saint-Éloi de Paris, Sainte-Croix d'Orléans, Saint-Père, Saint-Jean en Vallée, Saint-Josaphat de Chartres, aux Célestins de Marcournis, et à bien d'autres encore. Il était du plus haut intérêt de s'attacher les populations de ces villages, de savoir les tourner contre les seigneurs pillards, d'en faire des hommes toujours prêts à prendre les armes quand le roi les appelait sous sa bannière.

Louis VI avait compris que le moyen le plus sûr d'obtenir le dévouement du paysan, c'était de lui offrir la garantie que réclamaient son existence physique et son existence morale, de le soustraire à l'arbitraire de la puissance seigneuriale.

Les droits des populations rurales trouvèrent la sauvegarde qui leur manquait dans le patronage royal. L'habileté de Louis le Gros fut précisément de présenter aux gens des campagnes un recours contre les abus de la féodalité seigneuriale.

Il y réussit par les affranchissements, par la Charte

royale, qui résume à elle seule tout le mouvement d'émancipation accompli dans les campagnes au XIIe siècle. Désormais le paysan affranchi ne releva plus que de sa charte ou de son bail à cens. L'homme n'est plus un serf, c'est un censitaire. Bientôt ces censitaires, ces tenanciers, vont rompre la terre qui leur est cédée, ils deviendront des roturiers. Ensuite, multipliant les villages pour leurs habitations, ils prendront le nom de vilains.

La charte ne protégeait pas seulement le paysan et sa terre, elle créait dans le village des marchés, des foires aux jours des fêtes patronales. Ces foires attiraient les populations voisines, les marchands étrangers et déterminaient un mouvement commercial considérable.

Il suffit d'ouvrir les Cartulaires pour se rendre compte de l'importance de ces chartes dans le changement qui s'est opéré au XIIe siècle dans la condition des terres et des personnes. Nous verrons comment ces chartes accordées à des terrains incultes donneront naissance à des colonies agricoles, qui prirent souvent le nom de villes neuves et ont servi non seulement à faire refleurir l'agriculture, à combattre l'influence des seigneurs féodaux, à faire déserter leurs terres, mais aussi à faire abandonner les chartes de commune. Ainsi Louis le Gros ne fut, comme certains historiens l'ont avancé, ni le fondateur ni le propagateur systématique des communes, mais, comme le dit très bien Henri Martin, il fut le champion des idées d'ordre et de paix intérieure qui avaient inspiré la trêve de Dieu, le protecteur actif et zélé des agriculteurs, des artisans, des marchands ambulants, de toutes les classes laborieuses contre les déprédations et les cruautés des nobles ou grands.

CHAPITRE X

Suger au concile de Reims; il règle la question des investitures. — Il se prononce contre l'excommunication de l'empereur d'Allemagne; il détermine la conclusion de la paix entre la France et l'Angleterre.

Louis VI était toujours occupé à susciter de nouveaux ennemis au roi d'Angleterre : il réussit auprès du comte d'Anjou, Foulques le Jeune, qui ne demandait pas mieux que de soustraire son comté du Mans à la suzeraineté de Henri Ier; mais, en retour, il réclama du roi de France la dignité de sénéchal, qui donnait la prérogative de commander l'armée royale, de présider aux fêtes du couronnement, et de réformer en premier appel les jugements publics.

Louis eut avec le comte d'Anjou une entrevue dans un château de la Beauce, non loin de Toury. Foulques avait fondé le droit de sa famille sur des preuves historiques, réunies et présentées par un de ses chevaliers. Suger, appelé à la conférence, examina les titres et se décida en faveur de la maison d'Anjou à l'encontre de Guillaume de Garlande, qui n'exerça plus à l'avenir la dignité de sénéchal que comme une simple lieutenance.

Les hostilités entre Louis et Henri continuèrent jusqu'à la bataille de Brenneville (20 août 1119), où les deux rois se trouvèrent en présence, où, comme en maintes circonstances, l'armée du roi de France se laissa aller à toute sa fougue, tandis que celle du roi d'Angleterre, opposant un meilleur ordre de bataille, fut victorieuse malgré les prodiges de valeur de Louis VI, qui sut échapper aux Anglais en s'écriant : « Au jeu des échecs on ne prend pas le roi. »

Après la défaite de Brenneville, Suger et Amaury de Montfort vinrent immédiatement consoler Louis VI. Suger lui persuada que c'était la trop grande ardeur de ses chevaliers qui avait causé sa perte.

Amaury lui dit : « Je vais vous donner un avis salutaire pour réparer l'échec fait à votre gloire.

« Que les évêques, les comtes et les barons de vos États se réunissent autour de vous ; que les prêtres, avec tous leurs paroissiens, vous accompagnent où vous l'ordonnerez, afin qu'une armée composée de menu peuple vous venge des ennemis publics. »

Le roi suivit le conseil d'Amaury. Il fit appel à toutes les paroisses, et bientôt il vit arriver, bannière en tête, quantité de gens de la Bourgogne, du Berri, de l'Auvergne, du Vermandois, d'Arras, de Noyon, de Beauvais, de Laon, de Soissons, de Paris.

On remarqua surtout les bannières d'Étampes, d'Orléans et celle de l'abbaye de Saint-Denis, sous laquelle paraissait Suger.

Avec un tel soulèvement, qui était en quelque sorte national, Louis VI espérait bien venger rapidement la défaite de Brenneville. Il pilla la Normandie, il prit Chartres et s'en vint à Étampes, qui était alors le véritable centre de ses forces populaires, pour arrêter un plan de campagne. Mais l'arrivée du pape en France et la convocation d'un concile à Reims ralentirent les hostilités. Calixte II, venant à ce concile, passa par Étampes, où il trouva Louis VI,

Suger et les principaux personnages de la cour.

Dès que le concile fut ouvert, Louis le Gros, accompagné de Guillaume Cliton et de quelques seigneurs, se rendit à l'assemblée ; il monta les degrés du trône pontifical, conduisant le jeune Guillaume par la main et, s'inclinant vers le pape, il dit :

« Seigneur pape, je suis venu dans cette sainte assemblée pour vous demander conseil. Et vous, ajouta-t-il, en se retournant du côté de l'assistance, écoutez-moi, je vous en supplie. » Alors il exposa ses griefs contre Henri Ier : l'injustice de ce prince à l'égard de son frère Robert et de son neveu Guillaume, la captivité du comte de Nevers, encore détenu par le comte Thibaut avec l'assentiment du roi d'Angleterre.

A la fin de son discours, le roi fit paraître devant les Pères du concile le fils unique du duc Robert, qui acheva par ses larmes de toucher tous les cœurs. « Si alors, dit Alfred Nettement, on fût allé aux voix, la cause de Louis le Gros était gagnée et celle de Henri d'Angleterre était perdue. »

L'avis de Suger était de profiter de cette occasion, mais il n'était pas assez près du roi pour lui en donner le conseil.

Le roi céda à la proposition que lui fit le pape de remettre la décision de cette affaire temporelle après celle des affaires religieuses.

C'était une prorogation indéfinie, car les incidents devaient se succéder avec assez de rapidité pour ne pas laisser à l'assemblée le temps de revenir sur cette affaire. Mais, après le discours du roi, les dispositions étaient telles, que Geoffroy, archevêque de Rouen, ayant voulu prendre la parole en faveur de Henri, fut réduit à l'abandonner, tant les murmures

OUIS LE GROS A BRENNEVILLE.

et les clameurs se firent entendre de tous côtés. Tout ce qu'on put obtenir plus tard du pape, c'est qu'il s'entremettrait entre les deux rois pour les réconcilier : ce qu'il fit en effet.

En attendant, le saint-père prescrivit provisoirement l'observation de la trêve de Dieu. Puis il dit qu'il allait se rendre à Pont-à-Mousson, où l'empereur des Teutons l'avait mandé, afin de conclure la paix avec lui pour le plus grand bien de l'Église.

En effet, le 22 octobre, le pape se rendit à Mousson, et, à son arrivée, il apprit que l'empereur était logé dans une maison de campagne voisine du château et qu'une armée de 30 000 hommes campait autour de lui. Les cardinaux mirent le pontife en sûreté dans le château de Mousson, où Suger resta près de lui. Il fut décidé que des ambassadeurs se rendraient seuls près du monarque, et quand ils entrèrent dans la salle des conférences, ils trouvèrent l'empereur entouré de gens de guerre armés de lances et d'épées. Henri nia les promesses de paix qu'il avait faites. Ce fut en vain que Guillaume de Champeaux offrit de mettre sous ses yeux l'écrit qu'il avait donné et que l'évêque avait reçu lui-même de ses mains, Henri ne voulut rien entendre.

Lorsque les députés revinrent vers Calixte pour lui rendre compte de leur entrevue, il comprit qu'il n'avait plus qu'à se retirer. Le lendemain, qui était un dimanche, il partit avant le jour pour Reims, dans la crainte d'être vu et poursuivi par l'empereur. Comme le pape l'avait promis à Louis VI, un concile se tint dans cette ville (1119), afin de régler la question des investitures, au moins avec le gouvernement français, par un arrangement particulier. Louis VI et Suger étaient présents. Ce dernier, chargé de la négociation avec le pape, ne demandait qu'une chose, c'est qu'on établît une distinction entre les investitures par la crosse et l'anneau, emblème du pouvoir spirituel, et les investitures par le sceptre, emblème du pouvoir temporel.

Que les premières restent au souverain pontife, disait-il, rien de plus juste; mais pour les secondes, elles revenaient de droit au roi, comme un signe nécessaire de l'autorité qu'il devait avoir sur les bénéficiers ecclésiastiques en tant qu'ils étaient ses vassaux ou ses sujets.

Mais vainement parla-t-il dans ce sens devant le concile, vainement recourut-il à un moyen souvent efficace, à des conférences particulières avec les cardinaux de la suite du pape ou avec le pape lui-même, il ne put rien obtenir. Le roi était furieux. Il menaça de se retirer du concile avec tous les évêques français si on ne lui accordait pas ce qu'il demandait.

Le pape céda enfin. La transaction fut rédigée sur les bases proposées par Suger, mais l'investiture spirituelle devait précéder l'investiture temporelle. La plus grande liberté devait régner dans les élections ecclésiastiques. De plus, des peines disciplinaires furent arrêtées contre les prêtres qui prenaient de l'argent pour les baptêmes et les enterrements ou qui vivaient mal.

Suger aurait voulu que l'empereur ne fût point excommunié; il craignait des représailles. Louis le Gros, moins prudent et moins politique, n'opposa aucune résistance à la volonté du pape. Le concile prononça une sentence d'excommunication contre l'empereur d'Allemagne, contre l'antipape Maurice Burdino et contre leurs adhérents.

Comme Suger l'avait prévu, en apprenant l'excommunication prononcée contre lui à Reims, Henri fit le serment d'exercer contre le roi de France et le pape une vengeance terrible : il jura que l'herbe croîtrait sur l'emplacement de la ville où l'on s'était porté contre lui à cette extrémité. S'il avait alors franchi immédiatement la frontière, entièrement dégarnie de troupes, il aurait pu accomplir facilement sa menace; mais il voulut lever une armée de 200 000 hommes pour accabler le royaume de France tout entier. Pendant ce temps, on put se préparer à le recevoir.

Calixte II ne se contenta pas d'excommunier les rebelles, il fit publier les actes du concile où furent renouvelés les anathèmes contre les investitures et contre les prêtres concubinaires et la défense aux clercs d'exiger aucune rétribution pour conférer les sacrements aux fidèles.

Une tâche restait encore au pape : c'était de tenter la pacification de la France et de l'Angleterre. Calixte II fit demander à Henri Ier une entrevue et, vers les derniers jours de novembre, il se rendit avec Suger au château de Gisors, désigné pour être le lieu de cette conférence.

Lorsque le pontife eut exposé les griefs de Louis VI, le prince anglais se justifia avec éloquence, mais il se déclara prêt néanmoins à donner toutes les satisfactions désirables pour le rétablissement de la paix avec la France. Toutefois il y eut un point fort grave qu'il se montra fermement résolu d'exiger : ce fut le maintien du duché de Normandie dans sa propre famille. Suger redoubla d'instances pour obtenir de Louis le sacrifice demandé. Il y réussit, et les deux rois se promirent une entrevue pour signer un pacte de réconciliation et de paix définitive.

Alors Calixte quitta la France. L'entrevue promise

ÉVÊQUE DU XIIe SIÈCLE.

eut lieu à Gisors. Louis VI, Henri Ier et Suger s'y trouvèrent. Les deux rois signèrent un traité qui donnait à Guillaume Adelin la Normandie sous la suzeraineté de la France. Louis abandonna la cause de Guillaume Cliton. On se restitua de part et d'autre les captifs et les forteresses enlevées par violence ou par ruse.

« Henri, dit Huguenin, déclara ensuite qu'il constituait Suger le gardien de cette paix et qu'il espérait trouver en lui le lien puissant qui tiendrait unis désormais les deux royaumes. Il montra dès ce moment une amitié extrême pour Suger et le regarda comme le plus sûr de tous ses confidents. » Chose curieuse, cet homme qui n'était pas même son sujet fut le seul auquel il osât révéler tous les secrets de son âme. Soupçonnait-il quelque machination, un traître avait-il déjà levé la bannière de la révolte, Henri avait aussitôt recours à Suger, et le religieux, par ses conseils, rompait les trames les mieux ourdies, ou déjouait les plus audacieuses tentatives.

Suger avait connu le secret de deux rois rivaux et, pour demeurer leur confident, il avait sans doute besoin d'une sagesse peu commune. Mais ce qui montre à quel point il sut tenir toujours la balance égale, c'est que jamais le roi de France ni celui d'Angleterre n'eurent la pensée de mettre la moindre réserve à la confiance qu'ils lui avaient donnée.

CHAPITRE XI

Suger est envoyé auprès du pape. — Il est nommé abbé de Saint-Denis. — Il intervient dans le Concordat de Worms. — Son voyage en Italie. — Il affranchit les bourgeois de Saint-Denis du droit de mainmorte.

Grégoire VII avait donné à l'archevêque de Lyon et à ses successeurs une primatie perpétuelle sur les trois métropoles de Sens, Tours et Rouen. Mais quand Louis VI eut élevé son pouvoir au-dessus des seigneurs féodaux et qu'il se sentit en situation de faire des réclamations au pape, il ne voulut point que trois provinces ecclésiastiques françaises fussent soumises à la juridiction d'un prélat qui dépendait de l'empereur, car Lyon était une ville impériale comme faisant partie du royaume de Bourgogne. Louis le Gros résolut donc de demander au pape Calixte que la primatie fût attribuée à Sens. On pense que Suger fut envoyé à Rome pour traiter de cette question. Les renseignements qu'il fournit à cet égard, dans sa *Vie de Louis le Gros*, tendent à le prouver.

« Envoyé, dit-il, par le seigneur roi Louis *pour certaines affaires du royaume* auprès du pontife, je le trouvai à Bitonte dans la Pouille. Cet homme apostolique m'accueillit avec honneur, par égard tant pour le seigneur roi que pour le monastère auquel j'appartenais, et il m'aurait gardé pour longtemps auprès de lui si je n'avais été rappelé en France par mon attachement à mon église et à mes compagnons. »

Suger obtint de Calixte sinon la primatie, du moins, pendant un temps, la liberté pour l'église de Sens dont relevait comme suffragant l'évêché de Paris, et épargna ainsi à la capitale du royaume de France une marque de sujétion vis-à-vis de l'empire.

Sur ces entrefaites, l'abbé de Saint-Denis vint à mourir. Connaissant toutes les qualités de Suger, sa haute influence auprès du roi, sachant en outre qu'il était en mesure de défendre les biens de l'abbaye contre les seigneurs qui voudraient s'en emparer, les religieux l'élurent abbé de Saint-Denis, mais sans consulter le roi.

Suger a raconté lui-même dans quelle situation il se trouvait quand on lui apprit son élection.

« Ayant, dit-il, terminé en Italie les affaires du royaume, dont j'étais chargé, je me hâtais joyeux comme font tous les voyageurs de revenir dans mon pays. Reçu avec hospitalité dans une maison de campagne, je m'étais jeté tout habillé sur un lit après avoir dit matines et j'attendais ainsi le jour. Là, plongé dans un demi-sommeil, je crus me voir dans un petit bateau, seul sans aucun rameur, errant dans la vaste étendue des mers, entraîné par le mouvement rapide des ondes, tantôt soulevé, tantôt précipité par les vagues, flottant çà et là au milieu des plus grands dangers, frappé par la tempête d'une horrible terreur et fatiguant de mes cris les oreilles de la Divinité.

» Tout à coup il me sembla que, grâce à la bonté secourable de Dieu, un vent doux et paisible, échappé pour ainsi dire d'un ciel serein, retournait et remettait dans le droit chemin la proue de ma misérable nacelle qui déjà tremblait sous moi et menaçait de s'engloutir dans les flots. Le vent favorable la poussa plus vite que la pensée et la fit entrer dans un port à l'abri des orages.

» Réveillé par le crépuscule, je me remis en route; mais, tout en cheminant, je méditais profondément sur cette vision et me fatiguais à m'en rappeler toutes les circonstances et à en chercher l'explication, craignant fort que ce soulèvement des flots ne m'annonçât quelque grave infortune. Tout à coup arriva à ma rencontre un serviteur affidé, qui reconnut mes compagnons et moi, et sanglotant tout à la fois de plaisir et de chagrin m'annonça la mort de mon seigneur et prédécesseur l'abbé Adam, d'heureuse mémoire, et l'élection qu'une assemblée générale avait faite de moi pour le remplacer. Mais il ajouta que, cette élection ayant eu lieu sans l'aveu du roi, ce prince, quand les plus distingués et les plus pieux des moines, ainsi que les plus nobles des chevaliers, s'étaient présentés devant lui pour lui soumettre leur choix et solliciter son approbation, les avait accablés de reproches et fait mettre en prison dans le château d'Orléans. Fondant alors en larmes et payant au père spirituel qui m'avait nourri et élevé un tribut d'amour, de regret et de reconnaissance, je me désolais profondément de sa mort temporelle et suppliais la miséricorde divine de l'arracher à la mort éternelle. Rendu à moi-même par la consolation de beaucoup de mes compagnons et par ma propre raison, je me sentis tourmenté d'un triple embarras. Devais-je, en acceptant une élection faite d'après les principes rigoureux de l'Eglise romaine et par autorisation du pape Calixte II, dont j'étais aimé, mais sans la participation du roi, souffrir qu'à mon occasion l'église de Saint-

Denis qui me servait de mère et ne cessait depuis que j'avais quitté la mamelle de me réchauffer sur le doux sein de sa libéralité, fût affligée et vexée par deux puissances redoutables qui jusqu'alors n'avaient jamais manifesté aucun sentiment ennemi à son sujet? Ou bien m'était-il permis de consentir que mes frères et mes amis languissent honteusement par amour pour moi dans une prison royale? Ou, enfin, fallait-il que, renonçant, par ces motifs et autres à peu près semblables, à mon élection, je supportasse l'opprobre de me voir si durement repoussé par le roi? Je songeais à envoyer quelques-uns des miens consulter le saint-père sur cette affaire, quand tout à coup se présenta vers moi un clerc romain, homme noble et mon ami intime, qui s'offrit par dévouement à remplir la mission que je voulais confier à l'un des moines, quoiqu'il dût m'en coûter beaucoup de fatigue et d'argent. Je chargeai de plus une personne à moi de se rendre, avec le messager qui m'était venu trouver, auprès du roi, et de me rapporter quelle fin elle entreverrait à cette affaire si pleine de trouble et de confusion. Quant à moi, je ne voulais m'exposer imprudemment au mécontentement du monarque. Je suivais les miens de près, mais triste, incertain de l'évènement et aussi cruellement tourmenté que si j'eusse erré en effet sans rames au milieu d'une mer immense. Semblable à ce vent favorable qui dans mon songe avait sauvé ma barque près de périr, la vaste bonté de Dieu tout-puissant permit que mes messagers revinssent inopinément et m'annonçassent la fin de la colère du roi, l'élargissement des prisonniers et la confirmation de mon élection. »

Suger arriva à Saint-Denis le vendredi 12 mars 1122. Le nouvel abbé trouva tous les religieux assemblés au chapitre, le roi était au milieu d'eux, ayant à ses côtés les évêques de Bourges et de Senlis avec plusieurs autres dignitaires de l'Église. Il fut accueilli de tous très sympathiquement. Dès le lendemain, il reçut la prêtrise des mains de l'évêque de Senlis; le jour suivant, il fut consacré abbé par l'archevêque de Bourges.

Suger ne trouva plus à Saint-Denis le célèbre Abeilard. Amené à l'abbaye à la suite de la condamnation lancée par le concile de Soissons contre son livre *De l'Unité et de la Trinité divine*, qui fut brûlé, Abeilard y était devenu un sujet de scandale. Il avait lu dans l'*Histoire ecclésiastique* de Bède un passage qui ne lui paraissait pas d'accord avec l'opinion reçue que saint Denis l'Aréopagite était le même que le premier évêque de Paris, patron de l'abbaye, et il n'avait pas craint d'attaquer à Saint-Denis même cette antique tradition.

Menacé, par l'abbé Adam et par le chapitre, de se voir déféré à la justice royale, il s'était échappé de nuit du monastère et avait cherché un asile dans le prieuré de Saint-Ayoul de Provins, sous la protection du comte de Champagne. En vain l'abbé Adam, étant allé à Provins pour traiter de quelques affaires avec le comte de Champagne, avait voulu ramener le fugitif à Saint-Denis, il n'avait pu y réussir.

Aussitôt Suger nommé abbé, Abeilard lui demanda l'autorisation de ne point revenir au monastère. Suger refusa d'abord. Mais le sénéchal Étienne de Garlande, ayant pris en main la cause d'Abeilard, appela Suger à la cour et lui déclara qu'il n'était pas d'avis de retenir forcément un homme dans une maison où il ne voulait plus vivre. Suger consentit, mais à la condition qu'Abeilard ne pourrait entrer dans aucun autre monastère. Le protégé du sénéchal se retira en Champagne, près de la petite rivière de l'Ardusson, non loin de Nogent-sur-Seine. Là il bâtit avec du bois et des roseaux une cellule et une petite chapelle, qu'il dédia au Paraclet et où plusieurs de ses disciples vinrent bientôt le rejoindre.

Quant à Suger, comme tous ceux qui arrivent à une

SUGER, ABBÉ (SUR UN VITRAIL DE SAINT-DENIS).

grande situation, il ne tarda pas à être en butte aux jalousies. On s'attaqua à sa manière de vivre, à son luxe; mais, soutenu par son talent, par son abbaye, par les nombreux amis qu'il avait à la cour, il ne se préoccupa point de ses ennemis; il poursuivit avec courage, avec énergie, l'œuvre de justice qu'il avait entreprise : il réprima les exactions des avoués dans le Vexin, il mit un terme aux brigandages qui désolaient aussi cette fertile province, et là, comme partout où il avait dû exercer son autorité, il fit refleurir l'agriculture.

Dans une autre circonstance, ayant à conduire une troupe de gens de guerre au roi Louis dans la ville d'Orléans, il surprit, non loin de Tours, le prévôt de l'ancien sire du Puiset, qui avait repris des habitudes de pillage. Suger s'empara de lui et le ramena dans les prisons de l'abbaye.

Sur ces entrefaites, Henri V résolut de faire la paix avec le pape. Une réunion eut lieu à cet effet le 8 septembre 1122 dans la ville de Worms, sur les bords du Rhin. Suger y assista. Le pape Calixte II reconnut à l'empereur Henri V le droit de donner l'investiture temporelle, celle des biens séculiers, en se réservant l'investiture spirituelle, c'est-à-dire le droit de conférer les titres ecclésiastiques. L'investiture temporelle se faisait, comme nous l'avons dit, par le sceptre, et l'autre par la crosse et l'anneau. Ce compromis est connu sous le nom de Concordat de Worms. Le Concordat accepté, l'empereur fut relevé de l'excommunication dont il était frappé.

L'année suivante, Suger se rendit en Italie, au concile qui s'ouvrit le 18 mars à Saint-Jean de Latran, où lecture fut faite du Concordat, qui fut ensuite soumis à l'approbation de l'assemblée. Le pape profita de la présence de l'abbé de Saint-Denis; il s'entretint longuement avec lui des moyens qu'il avait employés pour rétablir l'ordre sur les terres de l'abbaye et dans le domaine royal. Le pape résolut de visiter les provinces méridionales de l'Italie, sur lesquelles il avait, en qualité de suzerain, une haute autorité. Il décida Suger à l'accompagner. L'abbé de Saint-Denis visita avec lui Cassin, Bénévent, Salerne, Bari et le mont Gargan. Partout le pape chercha, d'après les procédés de Suger, à rétablir l'ordre, la sécurité et à faire refleurir l'agriculture. De son côté, pendant le

CATHÉDRALE DE WORMS.

voyage, qui dura six mois, l'abbé de Saint-Denis fit d'utiles études, et il revint en France tout épris du goût des arts.

Au milieu de son élévation et de ses nombreuses occupations, Suger n'oublia pas, comme nous l'avons vu, le domaine de Toury, qu'il ne trouvait pas suffisamment défendu.

Les terres que les religieux avaient jusque-là fait valoir eux-mêmes furent affermées à des colons, moyennant une redevance fixe. Les moines quadruplèrent en quelques années les revenus de la prévôté (1123).

De retour en France, ayant appris la rupture du traité de Gisors, Suger fut très contrarié de savoir que le roi s'était laissé persuader par son sénéchal et quelques autres seigneurs qu'il fallait revenir à l'idée de rétablir Guillaume Cliton dans le duché de Normandie.

Averti de ce projet, le roi d'Angleterre eut recours à l'appui de son gendre, l'empereur d'Allemagne, qui ordonna la réunion d'une forte armée pour le mois d'août 1124. Il se dirigea vers la Champagne, menaçant de brûler la ville de Reims.

Quoiqu'il n'eût pas approuvé cette guerre, Suger ne se dévoua pas moins au roi, qui fit un appel aux seigneurs et aux milices des communes, auxquelles il donna rendez-vous à Reims.

Louis vint à Saint-Denis chercher la bannière de l'oriflamme. Les châsses de l'abbaye furent mises sur l'autel, et en présence de la foule des guerriers et du peuple qui remplissait la basilique, Suger commença les prières et appela les bénédictions du ciel sur les armes de la patrie. Puis le roi prit la bannière sur l'autel et la remit dans les mains de celui qui devait avoir l'honneur de la porter.

Il y eut à ce moment en France un soulèvement général et jamais une armée plus nombreuse ne fut réunie plus rapidement sous les murs de Reims.

Les milices de cette ville et de Châlons-sur-Marne formèrent le premier corps; celles de Soissons et de Laon composèrent le deuxième. Dans le troisième se rangèrent les hommes de Paris, d'Étampes, d'Orléans et de Saint-Denis, que le roi devait commander en personne.

« Avec ceux-ci, dit-il en montrant les vassaux de l'abbaye et Suger à leur tête, je combattrai avec autant de courage que de confiance. Je serai protégé par monseigneur saint Denis, et je trouverai près de moi ceux de mes compatriotes qui m'ont élevé avec une affection particulière et qui m'aideront, si je demeure vivant, ou recueilleront mon corps et le rapporteront avec soin. »

Thibaut de Chartres était à la tête de la quatrième division.

A la tête de la cinquième, qui devait former l'avant-garde, on voyait Hugues II de Bourgogne, Guillaume II de Nevers.

Raoul de Vermandois, avec les guerriers de Saint-Quentin et de Péronne, commandait l'aile droite, tandis que l'aile gauche se composait des hommes de Ponthieu, d'Amiens et de Beauvais.

A l'arrière-garde était Charles, comte de Flandre, avec une armée d'au moins dix mille hommes.

Quand l'empereur d'Allemagne eut appris quel était le nombre et quelle était l'organisation de l'armée du roi de France, il crut prudent de ne point livrer bataille, et il regagna promptement les bords du Rhin. Le roi d'Angleterre ne put lui-même marcher en avant. Ce fut un résultat excellent, non seulement pour l'effet produit, mais pour l'affirmation des forces de la France.

« Ni dans les temps anciens, dit Suger, ni à beaucoup des époques de nos temps modernes, la France n'a rien fait de plus brillant. Jamais elle n'a montré plus glorieusement jusqu'où va l'éclat de sa puissance, quand les forces de tous les membres sont réunies. Dans ce moment, en effet, son roi triompha de l'empereur d'Allemagne et du roi d'Angleterre. Aussi, ajoute l'abbé, la terre se tut devant la France et presque tous ceux qu'elle pouvait atteindre s'empressèrent de rentrer en grâce avec elle et de lui tendre la main en signe d'amitié. »

Suger, dont l'esprit éminemment politique était toujours prêt à conseiller la paix quand elle devait tourner à l'avantage de l'ordre et de la bonne administration du royaume, engagea Louis VI à traiter avec le roi d'Angleterre, qui ne demandait pas mieux que de suspendre les hostilités. Aussi, grâce à la médiation de l'abbé de Saint-Denis, tout rentra dans l'ordre.

Après ce magnifique résultat, le roi ne manqua pas de venir à Saint-Denis témoigner sa reconnaissance aux saints patrons et aux religieux du monastère. Il fit des dons à l'abbaye. Il recula les bornes de sa justice, les fixa du côté de Paris, au moulin Bayard, jusqu'à Aubervilliers, ainsi qu'en témoigne la charte accordée à cette occasion, dans laquelle il donne à Suger le titre de fidèle et familier conseiller. Le roi concéda en outre un champ nommé la Couture, et il restitua à l'abbaye la couronne de son père Philippe Ier.

Suger ne resta pas longtemps à Saint-Denis, car il fut appelé presque aussitôt par le pape mourant, qui voulait probablement le revêtir de la pourpre romaine. Il partit pour la quatrième fois, vers la fin de 1124; mais, arrivé dans la ville de Luques en Toscane, il apprit la mort de Calixte II et revint aussitôt en France.

De retour à l'abbaye, il donna une nouvelle preuve de son libéralisme. On sait qu'il existait au moyen âge un droit appelé mainmorte, en vertu duquel un père de condition servile ne pouvait laisser d'héritage à ses enfants. Ainsi, après avoir travaillé toute sa vie, il ne lui restait pas même l'espoir de voir le sort de sa famille s'améliorer peu à peu. Ce droit avait été converti en une redevance, une sorte de droit de mutation, moyennant lequel les personnes qui par leur condition ne pouvaient recevoir la succession de leurs auteurs, devaient acheter la conservation de leur patrimoine mobilier. Ce droit ainsi réduit à un tarif avait été établi sur les habitants de Saint-Denis par l'abbé Yves, pour couvrir un embarras financier de sa mauvaise administration, et depuis lors ce produit sûr ajoutait aux redevances territoriales de l'abbaye.

Les bourgeois de Saint-Denis demandèrent à être affranchis de ce droit. Suger comprit ce que cette taxe avait d'humiliant, et, par un acte solennel daté de 1125, il en affranchit à perpétuité, du consentement de ses religieux, tous les bourgeois et les manants de la ville de Saint-Denis, ainsi que certaines familles du faubourg Saint-Marcel sur le même territoire. Les bourgeois, en retour de cette faveur, donnèrent une somme de deux cents livres pour rebâtir le portail de la principale entrée du monastère.

Suger, comme le fait observer Huguenin, était favorable au principe d'émancipation, mais appliqué avec mesure et prudence. Aussi, dans la même charte, défendait-il expressément que l'on s'autorisât après lui de son exemple pour accorder témérairement de semblables immunités. Sa maxime était de ne faire que des concessions calculées de manière à soulager ceux qui les obtenaient sans trop affaiblir les ressources de celui qui en supportait le sacrifice. A ses yeux aussi, l'affranchissement devait avoir pour cause des raisons d'humanité, de justice, bien plutôt que les avantages passagers du prix qu'on pouvait en retirer. Il ne doutait pas que ce fût pour avoir manqué à ces règles que certaines communes s'étaient vues en proie dès leur naissance à de cruels déchirements; il ne pouvait oublier celle de Laon, inaugurée par l'incendie et le carnage.

CHAPITRE XII

Suger ambassadeur à la Diète de Mayence. — Il fait élire le duc de Saxe empereur d'Allemagne. — Réforme de l'abbaye de Saint-Denis. — Lettre de saint Bernard à Suger.

L'empereur Henri ne survécut pas un an à l'affront qu'il avait essuyé en voyant échouer son entreprise sur la France.

Il mourut sans laisser de successeur. Aussi les États d'Allemagne s'assemblèrent-ils pour nommer un nouvel empereur.

Deux seigneurs puissants, Frédéric de Souabe et Conrad de Franconie, neveux l'un et l'autre de Henri V, prétendaient à la couronne. Mais le saint-siège et le roi de France, dans la crainte de voir se perpétuer sur le trône impérial l'esprit et la politique de Henri V, se déclarèrent en faveur de Lothaire, duc de Saxe, dont ils connaissaient les dispositions favorables pour l'Église. Suger, depuis son retour de Rome, où le pape aurait voulu se l'attacher, était devenu très puissant à la cour. Après le principal ministre du royaume, Étienne de Garlande, qui possédait en même temps la charge de sénéchal, personne n'avait ni plus d'occupation, ni plus d'autorité, ni plus d'affaires que l'abbé de Saint-Denis. D'abord, il avait l'intendance de la justice, c'est-à-dire qu'il était chargé de régler tous les procès des particuliers qui appelaient des baillis des provinces à la puissance souveraine. Il tenait le parlement dans son abbaye en l'absence du roi et du premier ministre, où il jugeait les causes ordinaires, renvoyant les principales à des assemblées générales que nos rois tenaient alors en personne et qui ont donné leur nom aux parlements. Il avait en outre sous ses ordres le département de la guerre et le soin de tout ce qui pouvait en dépendre; enfin il avait une grande part aux négociations étrangères et on ne décidait rien sur ce point sans le consulter, si bien qu'il remplissait les charges de deux de nos secrétaires d'État sans en avoir le titre : ce qui attirait chez lui une affluence de monde considérable et faisait, comme le lui reprochait saint Bernard, que la maison du seigneur était toujours remplie d'armes et de gens de guerre et que les lieux les plus saints, consacrés au silence et à la prière, retentissaient depuis le matin jusqu'au soir des cris des avocats et des plaideurs.

Le roi ne pouvait choisir un homme plus compétent que Suger comme ambassadeur à la Diète de Mayence. L'abbé de Saint-Denis s'y rendit en grande pompe (août 1125), accompagné d'un grand nombre de chapelains, d'aumôniers, de gentilshommes, de vassaux même, de la plupart de ses parents que le roi avait anoblis en considération de son cher abbé; il avait en outre plus de cent chevaux à sa suite.

Suger sut si bien conduire les affaires, que Lothaire, qui avait pris le titre de duc de Saxe, fut élu à Mayence le 30 août 1125 et couronné à Aix-la-Chapelle le 23 septembre.

Suger termina en outre dans cette assemblée un différend qui existait depuis longtemps entre les seigneurs de Mosbach, dans le Palatinat, et l'abbaye. Ceux-là avaient dans le voisinage de leur seigneurie plusieurs terres et un domaine important nommé Blitestorf, de la principauté de Nassau, qui appartenait à l'abbaye de Saint-Denis. Les seigneurs de Mosbach s'en étaient emparés, malgré les plaintes, les censures et les excommunications de Saint-Denis. Suger reprocha avec tant d'éloquence l'injustice de Mainard, alors seigneur de Mosbach, que, couvert de confusion devant toute l'assemblée, et pour ne pas perdre tout son honneur, il accepta une transaction par laquelle il céda à l'abbaye, en échange des biens dont il s'était emparé, un lieu nouvellement bâti nommé la Celle, au diocèse de Metz et toutes ses appartenances avec d'autres revenus.

A peine Suger était-il de retour à son abbaye, qu'Abeilard, qui avait été élu abbé par les religieux du monastère de Saint-Gildas de Ruys, dans le diocèse de Vannes, vint lui demander la permission d'accepter cette charge. Suger accorda son consentement. Pour se délasser des fatigues de son voyage, l'abbé de Saint-Denis donna une magnifique chasse à cerf dans la forêt des Ivelines; il y invita tous ses amis. Il s'y rendit accompagné du comte de Montfort, de Simon de Neaufle, d'Évrard de Villepreux et de quantité d'autres seigneurs, sans compter les gentilshommes et vassaux de Saint-Denis. Suger avait fait dresser dans la forêt des tentes magnifiques pour tous les seigneurs, et il avait eu soin que rien ne manquât pour qu'ils fussent bien logés, magnifiquement meublés et très bien nourris; la chasse dura huit jours. Elle fut telle, qu'on en put régaler les moines et leur nombreuse société et qu'il en resta encore assez pour nourrir tous les soldats qui étaient en garnison dans la ville située près de là.

Quelque temps après, Suger accompagna encore le roi dans une nouvelle expédition, non plus comme

KAROLVS BONVS. XIII COM: FLAND:
AN: DNI: INAVG: 1119: OBIT: 1127: IMP: 8
AVTOGRAP: EX MVSÆO
D. PRÆS RICHAROTI.

CHARLES LE BON, COMTE DE FLANDRE.

un guerrier à la tête d'un escadron, mais comme un de ses aumôniers et uniquement pour aller rendre ses devoirs au malheureux comte de Flandre, Charles le Bon, son ami, qui venait d'être si misérablement assassiné. Au récit de ce crime, la plupart des barons de Flandre coururent aux armes et appelèrent à leur aide le roi de France, suzerain du comte assassiné. Louis répondit à leur appel, il parvint à s'emparer des coupables et les fit périr. Et grâce aux conseils et à l'habileté de Suger, Louis VI put faire accepter aux seigneurs et aux bourgeois de Flandre, pour successeur de Charles le Bon, Guillaume Cliton, qui dut leur promettre la remise des octrois et celle de la taxe sur leurs maisons.

On a reproché à Suger son faste ; mais sa situation d'abbé de Saint-Denis, l'habitude de vivre à la cour, et le goût de l'époque expliquent pourquoi, quand il paraissait en public, c'était toujours avec un certain appareil. Saint Bernard tonnait contre ce luxe qu'il trouvait mauvais et dont il voyait la cause dans la confusion des titres temporels avec les titres spirituels. « Il s'est élevé de nos jours dans l'Église, écrivait-il à Suger lui-même, deux abus inouïs et détestables : Le premier (souffrez que je vous le dise, cher Suger), c'est cette vie insolente et fastueuse que vous avez menée; le second, c'est la réunion d'un état séculier à l'état ecclésiastique, comme le fait Étienne de Garlande, qui, ecclésiastique, diacre et bénéficier, est grand maître de la maison du roi et connétable. Comment faire marcher ces deux choses-là? »

On est porté à croire que les observations de saint Bernard firent réfléchir Suger ; on a dit aussi que la fin tragique de deux fameux abbés de son ordre eut également une influence sur la détermination de l'abbé de Saint-Denis. Toujours est-il qu'il se décida à prendre aux yeux de toute l'Eglise et à la face du monde l'initiative d'une complète réforme dans sa personne et dans son abbaye. Il rompit tout à coup avec ses habitudes. Sa table, ses habits, son train de maison, ses visites, son langage, tout fut modifié. On ne vit plus en lui ni chez lui un séculier, un courtisan, mais un véritable observateur de la règle de Saint-Benoît, un digne abbé de Saint-Denis.

Il se réserva la plus humble cellule, il coucha sur

SCEAU DE SAINT BERNARD.

la dure, vécut de peu. Puis, avec l'autorité que donne l'exemple, il remit en vigueur dans l'abbaye la règle depuis longtemps foulée aux pieds.

L'esprit du monde y était entré par les relations que les abbés avaient entretenues à la cour, par les visites qu'ils recevaient. Suger résolut de ne plus laisser libre entrée aux gens du dehors, lui-même voulait renoncer à la cour et se consacrer uniquement à la vie du cloître. Mais le roi ne consentit point à ce qu'il s'imposât un semblable renoncement. Il lui sembla, au contraire, que Suger lui devenait plus nécessaire que jamais, car il ne voyait pas sans inquiétude prêcher la vie de retraite. Il craignait que, si dans les abbayes on se livrait exclusivement à la vie religieuse, les moines et aussi les évêques ne vinssent à ne plus s'occuper de la défense du pays, et alors ils ne seraient plus disposés, comme ils l'avaient été au commencement de son règne, à organiser à leurs frais en milices royales les habitants de chacune des paroisses de leur diocèse.

Il était entretenu dans cette crainte par son ministre Étienne de Garlande, homme opulent qui lui faisait voir comment l'évêque de Paris encourageait la religion à se séparer le plus possible de la vie du monde et de la cause du roi. Il fit tant qu'il finit par lui faire croire que ce prélat était un homme dangereux, si bien que le roi lui confisqua ses biens et ceux de ses amis. L'évêque, de son côté, jeta l'interdit sur le domaine royal, mais, ne se croyant plus en sûreté même près de son église, il alla demander asile à la maison de Cîteaux.

Ce fut alors que saint Bernard, au nom de Cîteaux, écrivit à Louis VI une éloquente lettre pour l'engager à des sentiments plus justes et plus pacifiques envers le prélat. Il écrivit aussi à Suger, qu'il savait être en bons termes avec Garlande, la lettre suivante.

« Il est venu jusque dans nos contrées une bonne nouvelle. Tous ceux qui craignent Dieu sont dans la joie, à cause du changement si grand et si subit qui s'est opéré en vous par la main du Très-Haut.

» Pour moi, je l'avoue, quel que fût mon désir d'apprendre qu'une semblable perfection s'était produite en vous, je n'osais pas l'espérer. Une chose, la seule, il est vrai, que l'on eût à vous reprocher, excitait notre zèle contre vous : c'était cette pompe extraordinaire, cet appareil un peu trop fastueux qui vous entourait quand vous paraissiez en public. Il vous suffisait de déposer ce faste, de quitter cet appareil, et à l'instant la critique des hommes tombait d'elle-même. Mais vous n'avez pas seulement ôté tout sujet de plainte à vos accusateurs, vous avez fait aussi des choses qui méritent nos louanges...

» Il y avait en effet une maison depuis longtemps célèbre, une maison ornée d'un caractère royal. Elle avait coutume de s'occuper des affaires de la cour et de fournir des armées au roi; elle rendait avec empressement et sans faute à César ce qui était à César, mais elle ne rendait pas aussi fidèlement à Dieu ce qui était à Dieu. Le cloître même de ce monastère était, suivant ce que l'on disait, environné fréquemment de soldats; les affaires temporelles s'y pressaient journellement et l'on y entendait retentir le bruit de la cuirasse.

» ... Maintenant il y règne un silence absolu, et le repos perpétuel des intérêts du siècle permet d'y méditer les choses divines. »

Puis saint Bernard s'attaque à Garlande, dans lequel il voit avec peine le caractère du guerrier uni au caractère ecclésiastique. Enfin, faisant allusion à son amitié pour lui : « ... Si cependant vous persistez dans vos liaisons avec lui, prouvez-lui que vous êtes un ami véritable et faites en sorte qu'il soit lui-même un ami de la vérité : vos amitiés seront vraies si la vérité en est le lien commun. » Mais ni l'intervention de Suger, ni les prières ni les protestations des évêques de l'Ile-de-France assemblés ne purent vaincre le roi soutenu par Garlande, qui crut avoir triomphé de l'évêque de Paris, de Cîteaux et de la réforme. Mais, chose singulière, ce fut au moment où il avait montré tout son empire sur l'esprit du roi, que Garlande vint à le perdre et qu'il fut chassé de la cour.

Cet homme que la fortune avait rendu insolent en était venu à ce point de se croire au-dessus de la reine et de ne plus avoir pour elle les égards qui lui étaient dus. La reine, après avoir souffert quelque temps les insultes, pensa qu'il était de sa dignité d'y mettre un terme, elle porta plainte au roi et lui demanda justice.

Le roi sacrifia le ministre à l'épouse offensée, et, dans les derniers jours de l'année 1127, on apprit tout à coup que le sénéchal avait été chassé de la cour. Cet évènement empêcha Suger de mettre à exécution son projet de se consacrer uniquement à son monastère. Le roi avait d'autant plus besoin de lui qu'Etienne de Garlande, malgré son caractère hautain, était un ministre capable. Il fallut que Suger le remplaçât, quoiqu'il n'eût point le titre de sénéchal ni de premier ministre d'État.

CHAPITRE XIII

Suger ministre d'État. — Son influence. — Sa politique. — Réforme de la vie monastique. — Réforme du couvent d'Argenteuil. — Mort du fils aîné du roi.

Après la disgrâce de Garlande, Suger devint le personnage le plus considérable de la cour. Chargé de toutes les affaires, il fut l'âme du conseil, l'homme d'État par excellence, l'organe du roi, qui le respectait comme un père, le regardait comme un maître.

Malgré son élévation, il parut à la cour avec une modestie qui édifia tout le monde. Il se montra toujours prêt à protéger les pauvres et les affligés, à rendre justice à chacun. Fidèle au roi, dont les intérêts lui étaient plus chers que les siens propres, zélé pour le bien public, dévoué à la patrie, Suger était devenu un homme sage par excellence ; on peut s'en rapporter à son critique d'autrefois, à saint Bernard, quand, écrivant au pape, il dit à propos de l'abbé de Saint-Denis :

« Ce grand homme est fidèle et prudent dans l'administration du temporel, humble et fervent dans le spirituel et, ce qui est rare, irrépréhensible. En ces deux choses il vit en juge à la cour et en saint dans son cloître. »

La situation de Suger était des plus délicates. D'un

côté il lui fallait réagir sur l'esprit du roi pour le ramener à des idées plus calmes à l'endroit de l'évêque de Paris et aussi pour dissiper les craintes qu'avaient fait naître dans sa pensée les nouvelles règles de vie adoptées par les évêques.

D'autre part il lui fallait lutter contre son ancien ami Étienne de Garlande, qui avait déterminé contre le roi un soulèvement dans lequel étaient entrés Amaury de Montfort, le comte Thibaut et le roi d'Angleterre.

Malgré la maladie qui le retenait alors au lit, Louis VI, toujours brave, fit violence au mal et partit avec le comte de Vermandois sous les murs du château et attaqua les révoltés qui espéraient tenir Paris en échec et forcer le roi à capituler. Le combat fut acharné, le roi fut blessé à la cuisse, mais il entra dans la place, et aussitôt il se transporta dans le comté de Chartres, prit Bonneval et Château-Renard, qu'il livra aux flammes. Pendant ce temps, la reine se vengeait à sa façon, en envoyant des ouvriers dévaster le magnifique hôtel du clos Maubert, ainsi que toutes les maisons de luxe que l'ancien sénéchal possédait dans la cité.

A peine cette révolte était-elle apaisée, qu'un autre soulèvement eut lieu en Flandre. Le jeune et nouveau comte Guillaume Cliton, songeant toujours à reconquérir la Normandie et voulant se créer des ressources pour accomplir son dessein, avait rétabli les impôts supprimés et avait de plus entravé le commerce des Flamands par une trop exigeante fiscalité, d'autant plus désagréable qu'elle était exercée par les seigneurs normands, auxquels le duc avait donné pour ainsi dire toutes les dignités et les emplois publics.

Déjà le roi d'Angleterre était accouru en Flandre

avec une forte armée et beaucoup d'argent. Aussitôt la reine Adélaïde pria Louis VI d'y envoyer l'abbé Suger pour se rendre compte de la situation et tâcher d'apaiser la révolte. Il partit, et la première chose qu'il fit, ce fut de conseiller au comte de Flandre de ménager ses sujets et de se montrer un peu plus fidèle aux engagements qu'il avait pris envers eux. Puis il lui dit d'écrire au roi une lettre dans laquelle il lui exposerait tous les efforts du roi d'Angleterre pour lui arracher la couronne de Flandre et priver ainsi la France de la plus fidèle et de la plus puissante de ses provinces. Le jeune comte obéit et il supplia le roi de venir en personne, persuadé que sa présence apaiserait les révoltés. Quand Suger fut de retour, il dit au roi ce qu'il pensait de l'état des esprits et il le pria, comme le demandait le comte de Flandre, d'aller terminer lui-même cette affaire. Louis VI se disposait à partir, quand une députation envoyée de Laon vint solliciter de ce monarque la faveur d'une nouvelle charte de commune.

Louis VI, l'évêque de Laon, Barthélemy et l'abbé Suger s'accordèrent tous pour donner à la cité une nouvelle charte d'affranchissement, et à cet effet le roi invita l'évêque, les seigneurs et les députés de la bourgeoisie à se rendre vers les premiers jours d'avril au château de Compiègne, situé sur le chemin de la Flandre. Une nouvelle charte fut octroyée en 1128. Nous reviendrons, en traitant plus loin spécialement des communes, sur les privilèges de la charte de Laon.

Pendant ce temps, Thierry d'Alsace était entré en Flandre les armes à la main. Suger proposa au roi, pour rétablir la puissance de Guillaume, de convoquer dans une assemblée générale tous les hommes les plus considérables pour discuter avec eux sur les griefs de la nation et juger ensuite la cause de Guillaume et de Thierry; mais les Flamands répondirent que Guillaume avait violé ses promesses, qu'ils n'attendaient plus rien de lui, ni de ses Normands. Le roi songea alors à aller attaquer Thierry dans Lille; mais, repoussé dans trois assauts successifs, il résolut de retourner en France, quand le roi d'Angleterre, arrivant avec des forces considérables, se porta jusqu'à Épernon. Le roi fut obligé d'abandonner la cause de Guillaume, qui, dans sa lutte avec Thierry, fut blessé d'un coup de lance dont il mourut. Louis VI, d'accord avec Suger, fit la paix avec Thierry, qui reçut la couronne de Flandre en se reconnaissant vassal du roi de France. L'esprit conciliant de Suger exerçait sans cesse son influence auprès du roi; il réussit à le rapprocher de l'évêque de Paris, qui fut rendu à son église et rétabli dans les biens dont il l'avait dépouillé. Ainsi Suger parvenait à faire prévaloir sa politique, qui était la conciliation du spirituel et du temporel, que lui, seul médiateur entre l'État et l'Église, pouvait faire triompher, et il amena le roi à approuver la réforme de la vie monastique dans le royaume. Au commencement de l'année 1124, Louis VI ordonna la réunion d'un concile dans l'église Saint-Germain des Prés, où il se rendit avec Suger. On y décida que rien de ce qui semblait contraire à la vie religieuse ne serait désormais toléré dans les monastères.

A ce concile fut réformé le couvent d'Argenteuil, dont la savante Héloïse était devenue abbesse. Elle et ses compagnes durent céder la place aux moines réformés de Saint-Denis, et Héloïse alla se retirer au Paraclet avec quelques religieuses qui avaient demandé à la suivre. Suger avait réclamé la propriété

PHILIPPE, FILS DE LOUIS LE GROS.

du couvent d'Argenteuil comme ayant appartenu à l'abbaye de Saint-Denis, qui n'avait jamais aliéné cette propriété. Sa demande, établie sur des titres écrits, fut déclarée légitime. Mais, de l'aveu des historiens les plus favorables à l'abbaye de Saint-Denis, il paraît que, pour rentrer dans la possession du prieuré à Argenteuil et pour en faire chasser les religieuses, il se montra très passionné contre elles, les accusant de dérèglements très exagérés.

Louis VI sentait chaque jour ses forces s'affaiblir. Il songea, avec l'assentiment de Suger, à associer son fils Philippe à la couronne. Il voulait en même temps faire la paix avec le roi d'Angleterre. Suger fut chargé de cette mission, qu'il remplit à la satisfaction des deux souverains.

Il rédigea un traité, qu'ils signèrent à Gisors le 31 mars 1129. Le roi de France reconnut les droits de Mussilde, fils de Henri Ier, à la succession de la Normandie, et le roi d'Angleterre acceptait pour lui et pour ses héritiers la suzeraineté de la France. Ainsi fut terminée une lutte de vingt-deux ans entre les deux pays. Et le 14 avril, le prince Philippe fut couronné roi.

L'année suivante (1130), le pape Honorius termina sa carrière et bientôt on apprit qu'Innocent II, son successeur, avait été chassé de Rome par les factions de l'antipape Anaclet et qu'il avait débarqué en France.

Aussitôt Louis VI convoqua dans la ville d'Étampes une assemblée générale du clergé de France pour examiner la cause d'Innocent. Le concile se déclara unanimement en sa faveur. D'après le désir du roi, Suger partit près du pape, qui était à Cluny, pour l'informer de la décision du concile.

Le roi d'Angleterre vint à Chartres faire hommage à Innocent II et le reconnaître comme le véritable chef de l'Église. En mars 1131, le pape se rendit à Liège près de l'empereur Lothaire, qui lui promit de le reconduire en Italie et de le faire asseoir sur le trône de saint Pierre.

De retour en France, au commencement d'avril, le pape voulut célébrer à Saint-Denis, avec toute la pompe usitée à Rome, la fête de Pâques. Ce fut une cérémonie qui attira beaucoup de monde. Innocent II célébra la messe et Suger lui servit d'assistant.

Après avoir célébré la fête de Pâques à Saint-Denis,

MONNAIE DE LOUIS VII.

le pape alla visiter les autres églises de l'Ile-de-France et de la Normandie, puis il revint s'établir au château de Compiègne, d'où il convoqua, pour le 18 octobre, un grand concile dans la ville de Reims. Le 12 de ce mois, alors qu'il y avait déjà beaucoup de monde arrivé à Paris pour cette réunion, le prince royal sortit à cheval avec quelques autres seigneurs. On ne sait comment un porc échappé effraya le cheval, qui renversa Philippe et s'abattit sur lui de tout son poids. Le malheureux jeune homme mourut le lendemain de ses affreuses blessures.

A la nouvelle de ce triste évènement, Suger partit aussitôt consoler le roi et, lorsqu'il le vit un peu plus calme, il lui conseilla de faire couronner son fils Louis, âgé de douze ans. Le roi comprit l'importance de l'avis de son ministre et il pria Innocent II de donner à son fils l'onction sacrée : ce qui eut lieu en grande cérémonie, le dimanche 25 octobre, en présence de la cour, d'un grand nombre d'évêques, d'abbés et de clercs réunis dans l'église de Sainte-Marie.

Après la tenue du concile, Innocent retourna en Italie, passant par la Bourgogne, où Abeilard vint lui demander pour Héloïse le titre d'abbesse du modeste oratoire du Paraclet. Le pape accorda cette faveur pour Héloïse, qui devait s'en rendre toujours plus digne par ses vertus.

CHAPITRE XIV

Suger chargé de l'instruction de Louis le Jeune. — Il rétablit l'administration municipale à Saint-Denis. — Il restaure l'agriculture. — Affranchissements.

Aux nombreuses fonctions de Suger le roi en ajouta encore une autre : il le chargea de diriger l'instruction de son fils. L'abbé de Saint-Denis le plaça dans l'école du cloître de Notre-Dame nouvellement réformée par les soins de l'évêque de Paris et dont l'enseignement avait une grande réputation. Le jeune homme avait du goût pour l'étude, il s'y instruisit et Suger ne manqua pas de former sa raison et son cœur par ses excellents conseils. L'abbé de Saint-Denis profitait de la paix qui régnait à ce moment pour s'occuper aussi des intérêts de son abbaye; il y montra les mêmes qualités administratives qu'il avait déployées à Berneval et à Toury. Il s'occupa d'abord de racheter l'octroi, qui était en grande partie aux mains du juif Oursel. Il accrut la ville de quatre-vingts maisons, agrandit les marchés publics et planta de vignes les vastes enclos qui, dans le voisinage même de l'église, se trouvaient complètement abandonnés.

Il racheta, dans le domaine de Saint-Denis, les droits qui avaient été aliénés et ceux mêmes qui avaient été usurpés par les seigneurs. Il retira aux avoués les tailles ruineuses qu'ils s'étaient depuis longtemps attribuées et les obligea de se dessaisir du droit de juridiction ordinaire qu'ils exerçaient abusivement.

L'avoué ne devait plus intervenir dans les jugements que sur la réquisition de l'abbé, c'est-à-dire dans les occasions où il serait nécessaire de prêter main-forte à la justice de l'abbaye. De cette manière l'abbé demeura seul investi de la haute juridiction sur le temporel de son église. Il la délégua aux prévôts, aux maires, aux échevins, et ceux-ci, à leur tour, portèrent dans leurs fonctions la connaissance exacte des lois, ainsi que les pratiques d'une procédure régulière.

Voilà comment Suger, abbé, fut administrateur; voyons comment il se montra agriculteur. Dans le domaine de l'abbaye de Saint-Denis, il construisit des maisons de ferme, qu'il pourvoyait de tout ce qui était nécessaire à une bonne culture et il les entourait d'habitations neuves et commodes que protégeaient au dehors de solides fortifications. Lorsqu'il était parvenu ainsi à remettre une terre dans l'état qu'il désirait, il y appelait de nouveaux colons, et ceux-ci s'empressaient d'y venir, parce qu'ils devaient trouver, avec la sécurité et l'aisance, un honnête profit sur leur travail.

C'était là, en effet, un avantage aussi rare que précieux à une époque où il n'y avait généralement dans la perception des tailles ni ordre, ni modération. Le malheureux taillable pouvait toujours s'attendre à être pressuré, mais sans jamais prévoir à quel point il devait l'être. Huguenin nous montre l'abbé Suger travaillant soigneusement à corriger dans les domaines de Saint-Denis un abus si funeste à la prospérité de l'agriculture. Après avoir examiné exactement la valeur naturelle de la terre, il en calculait d'une manière à peu près sûre le rapport moyen et fixait la taille d'après le revenu. Les droits du propriétaire, ceux de l'avoué, du maire et des échevins étaient réglés dès lors suivant une mesure que personne ne pouvait dépasser. Le colon savait ainsi à l'avance ce qu'il serait tenu d'acquitter et il ne se trouvait plus exposé à ces cruelles surprises qui le jetaient si souvent dans la ruine et le désespoir.

Suger ne lui imposait d'ailleurs que des conditions toujours inférieures à celles qu'il aurait pu légitimement exiger, et il agissait ainsi, nous dit-il lui-même, parce qu'il avait horreur de la rapine et de l'avarice.

Si quelquefois l'abandon trop prolongé d'une terre y avait attiré des malfaiteurs, l'abbé exemptait de toute taille les familles qui avaient le courage de venir l'habiter, et le moyen était toujours couronné d'un plein succès.

Suger s'occupa aussi d'établir un ordre nouveau dans les finances. Les prévôts et les maires furent obligés de dresser un état exact des revenus de chaque domaine et de correspondre avec l'abbé, qui examinait les comptes, déterminait l'emploi des ressources annuelles de l'église et ménageait en même temps d'utiles réserves à son trésor.

Les résultats de cette administration eurent réellement quelque chose de prodigieux; Suger nous assure lui-même qu'au bout de quelques années il trouva des revenus trois ou quatre fois plus grands qu'auparavant. Cette proportion fut même souvent dépassée à Barville en Beauce, dont le produit, qui n'était que de trente livres, s'éleva jusqu'à deux cents.

Le colon, comme Suger le voulait, était encouragé

par l'aisance, il se sentait plus attaché au domaine : les différentes familles de ces petits cultivateurs commençaient à former un peuple bien plutôt qu'une simple agrégation de serfs misérables sur qui l'on n'aurait pu compter. Les mœurs devenaient plus douces, les habitudes plus régulières, les rapports de l'inférieur avec le maître plus naturels et plus dignes.

Ce nouvel état de choses révélait, pour la société en général, une source pure et féconde de richesses, et pour les hommes de la glèbe, en particulier, un principe de régénération physique et morale, un germe d'émancipation future.

Nous avons déjà vu Louis VI, suivant les principes de Suger, créer une colonie agricole, faire une ville neuve à Angerville, et montrer ainsi l'intention manifeste de relever l'agriculture à l'aide des chartes de liberté et de franchises. Une autre charte, délivrée dans un lieu nommé les Muraux, dans le territoire de Notre-Dame des Champs, près de Paris, contient des privilèges semblables à ceux que l'abbé Suger accordait lui-même en certaines circonstances aux vassaux de Saint-Denis.

Les habitants des Muraux sont déclarés exempts du service militaire et de toutes les tailles accoutumées. En l'année 1123, les mêmes franchises sont accordées pour dix ans aux familles qui viendront demeurer au Marché-Neuf établi près de la ville d'Étampes. Un article de cette dernière ordonnance nous montre Louis VI attentif à protéger par des lois expresses la liberté du commerce et la sécurité des voyages, comme Suger l'avait fait à Toury et à Saint-Denis.

De son côté, l'abbé Suger avait affranchi Beaune de

la domination des prévôts royaux, il avait fait exempter la terre de plusieurs coutumes onéreuses, et cette terre, qui pendant longtemps était restée inculte, ne tarda pas à produire d'abondantes moissons.

Tous ces affranchissements donnés par l'abbé de Saint-Denis et aussi par Louis VI avaient, en faisant renaître l'agriculture, augmenté les revenus des propriétaires. Aussi y a-t-il lieu de croire que la charte d'affranchissement accordée à la petite ville de Lorris en Gâtinais appartient à l'initiative royale ou à celle de l'abbé de Saint-Denis.

Cette charte déclare en premier lieu que tout habitant de la paroisse de Lorris ne payerait pour sa maison et pour un arpent de terre qu'un écu de six deniers.

Cette règle établie pour le fond même de la propriété, le législateur assurait au colon l'entière jouissance des fruits de son travail et l'on reconnaît aisément que celui qui écrivait cette charte savait ce qu'il en coûte pour obtenir une récolte et au prix de quels labeurs on pourvoit à la subsistance d'une famille.

Le ban de la paroisse de Lorris ne payera point de droit sur les provisions destinées à sa subsistance : nul ne donnera de dîme sur la récolte qui lui sera venue de son travail ; nul ne sera tenu au droit de passage pour le vin qu'il aura retiré de ses vignes.

Les intérêts du commerce, à leur tour, ne sont point oubliés. L'habitant de Lorris qui mènera sa marchandise à Orléans ne payera que de un à six deniers. Le voyageur qui se rendra au marché de Lorris ne pourra être arrêté ni inquiété, à moins qu'il ne se soit rendu coupable de quelque délit.

Les préjudices que peuvent causer la perte du

temps ou des frais de voyage sont diminués autant que possible par le rédacteur de la coutume. L'habitant de la paroisse de Lorris ne sera point appelé hors de la banlieue pour répondre devant la justice royale.

Quiconque sera requis pour le service militaire du roi pourra retourner le soir même du jour dans sa demeure.

Ces deux derniers articles nous portent d'autant plus à croire que Louis VI a dû prendre l'initiative de la charte que nous y trouvons des rapprochements évidents avec la charte que le même roi a donnée à Angerville.

La liberté personnelle, si peu assurée alors, est garantie par un article particulier. Nul ne sera retenu captif s'il peut donner caution à la justice.

Le législateur se montre préoccupé aussi des moyens de prévenir les procès entre les habitants de Lorris et d'empêcher, s'il est possible, le recours à l'épreuve du combat judiciaire.

Ceux qui auront témérairement réclamé le gage de bataille et qui s'en repentiront ensuite pourront encore traiter pacifiquement, mais ils rachèteront leur imprudence par une amende de deux sous et demi chacun. Si les partis persévèrent dans leur première résolution, les otages du vaincu payeront 112 sous d'amende.

On voit quels avantages présentait la charte de Lorris, qui devint une coutume. Augustin Thierry a dit qu'elle anticipait en quelque sorte sur la plupart des conditions essentielles de la société moderne.

Cette charte fut en effet l'objet de l'ambition de plus de trois cents villes ou villages qui la sollicitèrent. Sa popularité ne fit que grandir et s'étendre dans les siècles où déclinèrent graduellement les municipalités à privilèges politiques.

L'extension de cette coutume n'a rien qui doive nous étonner. Sa nature exclusivement civile la rendant propre à passer de l'état de loi urbaine à celui de coutume territoriale, elle prit ce rôle dans la jurisprudence; elle amena une transformation administrative qui eut généralement pour résultat de soumettre la justice civile et criminelle à la puissance du roi par l'intermédiaire d'un bailli ou d'un prévôt qui avaient eux-mêmes au-dessous d'eux des maires et des échevins.

CHAPITRE XV

Création de villes neuves; leur importance dans le mouvement communal.

C'est là un fait très remarquable au milieu du mouvement communal que ces chartes accordées à des villages, à des bourgs existants et aussi à des endroits inhabités destinés à devenir des colonies agricoles, des villes neuves. Non seulement, comme nous l'avons dit, ces chartes déterminèrent une rénovation agricole très importante, mais elles eurent un effet politique non moins intéressant. Par leurs privilèges souvent plus étendus que ceux des chartes de communes, elles servirent à contre-balancer leur action et celle de la féodalité seigneuriale, elles popularisèrent la royauté dans les campagnes; elles eurent pour effet aussi de créer ces armées de villages que nous avons vues se lever pour venir soutenir la royauté quand elle était sérieusement menacée, quand la patrie était en danger. Elles furent un moyen de centralisation opposé à la décentralisation communale.

Jusqu'à la fin de son règne, Louis VI fut préoccupé de créer des villages nouveaux, de développer l'agriculture et de combattre l'influence des communes. C'est ainsi que nous le voyons, l'année même de sa mort, en 1137, encourager la fondation d'un village auprès du château de Montchauvet, dans les environs de Houdan. C'est toujours à l'aide de privilèges qu'il cherche à attirer la population sur ce territoire.

A l'exception des hommes du roi et de son coseigneur à Montchauvet, tous ceux qui venaient s'établir en cet endroit étaient libres et ne pouvaient être réclamés par leurs seigneurs. Les bourgeois de Montchauvet étaient exempts de tailles, de corvées, de péages, dans toutes les terres du roi. Lorsqu'il s'élevait une guerre entre le roi et le seigneur, les bourgeois devaient rester neutres. Ils ne pouvaient vendre ni hypothéquer leurs héritages qu'à d'autres bourgeois.

L'administration de ce village était confiée à douze jurés qui, à la fin de chaque année, en élisaient douze autres, qui devaient prêter serment entre les mains du bailli de Mantes ou du prévôt de Montchauvet. Ces douze jurés choisissaient trois sergents pour garder la ville pendant la nuit, trois autres pour garder les héritages et trois courtiers pour aider de leurs conseils ceux qui venaient acheter du vin dans les villes; ils nommaient un maçon, un charpentier, pour ôter le péril des maisons, deux boulangers, deux bouchers, des taverniers, etc.

Ces jurés faisaient les partages des héritages et en réglaient les bornes et nommaient aussi les maîtres et jurés de la maison Dieu (Hôtel-Dieu) et les présentaient aux officiers des seigneurs, qui en pouvaient choisir d'autres quand ceux-ci ne leur paraissaient pas convenables.

Si quelqu'un insultait par parole ou par action les jurés dans ce qui avait rapport aux fonctions de leur charge, ceux-ci les faisaient assigner devant les juges du seigneur, qui condamnaient le délinquant à l'amende, sur laquelle chacun des jurés devait avoir douze deniers.

La création des villes neuves de cette époque, sans avoir été méconnue, n'a peut-être pas été étudiée avec toute l'attention qu'elle comporte.

Augustin Thierry, préoccupé surtout des aspirations du tiers état, nous parle des associations bourgeoises, qui offraient, dit-il, une foule de degrés et de nuances, depuis la cité républicaine qui, comme Toulouse, avait des rois pour alliés, entretenait une armée et exerçait tous les droits de la souveraineté, jusqu'au rassemblement des serfs et des vagabonds, auxquels les rois et les seigneurs ouvrent un asile sur leur terre et qui donnèrent naissance à un grand nombre de villes neuves, qui le plus souvent se peuplaient aux dépens des seigneuries voisines.

D'après Henri Martin, l'exemple des villes excita les paysans. Les uns, favorisés par les circonstances locales, se jettent hardiment en avant et poussent jusqu'aux premiers rangs de la révolution bourgeoise.

Dans le nord du royaume, on voit soit des villages isolés, soit des groupes de villages unis sous des chefs élus en commun, conquérir la commune avec tous ses droits. Le Soissonnais, le Laonnais, le Ponthieu donnent ce glorieux exemple à la France. Mais cet exemple ne put se propager : en revanche, les affranchissements ou rachats collectifs de mainmorte, de tailles ou corvées se multiplièrent à partir des dernières années de Louis le Gros. Par le même principe qui porte les plus intelligents entre les petits seigneurs à concéder des terres incultes à des serfs, les princes fondent des villes neuves, des villes franches, où ils attirent les populations par l'appât d'une liberté civile qui n'astreint l'habitant qu'à des charges définies et limitées.

Le savant auteur de l'Histoire de France reconnaît que si quelques villages ont pu conquérir la commune avec ses privilèges, cet exemple est rare et qu'il n'a pas pu se propager. Quant aux villes neuves, ce sont, d'après lui, les princes qui les fondent par l'appât d'une liberté civile. Mais nous ferons remarquer à Henri Martin que le paysan du XIIe siècle lutte surtout pour s'affranchir de la mainmorte ou du formariage. Ce qu'il désire, ce qu'il convoite avant tout, c'est la faculté d'hériter et de transmettre, c'est aussi le règlement et la fixité dans les tributs, la soustraction au vague, à l'arbitraire, c'est enfin d'avoir une situation légale, écrite, appuyée sur un droit qu'on ne puisse attaquer.

M. Doniol, auteur d'une Histoire des classes agricoles, pense que ce fut le roi qui offrit le premier la liberté, parce que, avant tout comme seigneur, le serf lui devenait inutile et que posséder plus de sujets fut son plus grand intérêt.

Au roi, dit-il, il importait, quand le monde féodal compta quelque temps d'existence militante et fastueuse dont l'histoire témoigne, que des populations libres, individuellement imposables et pour qui la nécessité même de s'acquitter envers le fisc deviendrait, dans une certaine limite, un stimulant à produire, se substituassent à des serfs ne donnant de revenus que ceux de la culture proprement dite et quelques tributs de formariage ou d'hérédité, parce que, n'étant qu'une chose, ils échappaient aux tributs politiques.

Assurément il importait au roi d'affranchir les serfs. Pour augmenter leurs revenus, les communes avaient également le même intérêt; elles firent même tous leurs efforts pour arriver à ce résultat, et, comme elles ne pouvaient recevoir les serfs dans leur sein, elles étendaient leur banlieue où elles vendaient la liberté, et souvent si cher, que la plupart de ceux qui avaient contracté des obligations, consenti des tributs, furent obligés de renoncer aux droits concédés, faute de pouvoir en solder le prix.

Les communes furent impuissantes et les seigneurs peu disposés à affranchir les paysans.

Le roi, aidé des conseils de Suger, comprit qu'il fallait satisfaire au pressant besoin de liberté des gens de la campagne; il eut l'intelligence d'utiliser ce besoin pour augmenter ses revenus, pour restaurer l'agriculture, l'administration judiciaire et surtout pour combattre l'influence des communes. Il s'unit avec le clergé, qui, partout où il possédait l'autorité temporelle et la seigneurie féodale, résistait aussi à la révolution communale.

CHAPITRE XVI

Mort de Louis VI. — Charte de commune accordée à Reims.
Reconstruction de l'église de l'abbaye de Saint-Denis.

Louis VI et Suger s'occupaient de rétablir l'ordre et l'administration dans les villes comme dans les campagnes. Ainsi, par un édit de 1134, Louis VI veut que le prévôt royal prête main-forte aux bourgeois de Paris lorsqu'ils en auront besoin pour recouvrer leurs créances sur les biens de leurs débiteurs.

La ville de Bourges obtint la revision de ses coutumes, et son ancienne institution des prud'hommes lui fut confirmée sous la garantie royale. Et les dernières années de la vie de ce roi vaillant furent consacrées au repos du royaume, en luttant soit contre Thibaut de Champagne, soit contre le seigneur de Saint-Brisson, dont le château, vrai repaire de voleurs, fut détruit par les flammes (1133).

Au retour de cette campagne, la dernière qu'il fit, il fut pris à Montereau d'un mal qu'il ressentait souvent. C'était une diarrhée, qui cette fois fut si violente, qu'il eut le pressentiment de sa fin prochaine; il s'y prépara courageusement. Suger, auprès de son lit, versait des larmes; il lui dit : « Ne pleure pas sur moi, très cher ami, mais plutôt triomphe et réjouis-toi de ce que la miséricorde de Dieu m'a donné, comme tu le vois, les moyens de me préparer à paraître devant lui. »

Cependant il alla mieux et, aussitôt qu'il se crut assez bien portant, il se rendit à Saint-Denis, puis au château de Béthisy (Oise). Là il reçut des députés de la province de Guyenne, qui lui annoncèrent que leur duc Guillaume avait, en mourant, légué au roi de France tout un pays, avec sa fille, la noble damoiselle Éléonore. Cette disposition, qui paraît singulière, était conforme au droit féodal, qui attribuait au souverain la tutelle de la fille orpheline de son vassal et le droit de lui choisir un époux.

Les députés furent bien accueillis par le roi, qui promit de donner à Éléonore pour mari son fils Louis le Jeune, et on se hâta de préparer une brillante escorte au prince pour aller chercher sa fiancée au delà de la Loire.

Cinq cents chevaliers, des plus illustres du royaume, dit M. Vétault, furent réunis à cet effet sous les ordres de Raoul de Vermandois et du comte Thibault de Blois.

Le vieux roi recommanda particulièrement son fils à la sagesse de son fidèle ami Suger, qui devait l'accompagner dans ce voyage ; il prescrivit instamment qu'on s'abstînt de pillage et de vexations dans le pays qu'on allait traverser, et, pour prévenir les déprédations des troupes de l'escorte, il leur attribua, sur son propre trésor, une indemnité journalière très considérable.

« Après avoir traversé le Limousin, raconte Suger, nous atteignîmes les frontières du pays de Bordeaux ; nous dressâmes nos tentes en face de cette cité, dont le grand fleuve de la Garonne nous séparait, et nous passâmes dans la ville sur des vaisseaux. »

Le dimanche suivant, le jeune Louis épousa et couronna du diadème royal la noble damoiselle Éléonore, en présence de tous les grands de Gascogne et de Saintonge réunis, et, au milieu de fêtes splendides, ils reçurent la bénédiction nuptiale des mains de l'archevêque de Bordeaux.

Les fêtes étaient à peine terminées, qu'on vint annoncer au prince la mort de son père, qui, atteint d'une nouvelle dysenterie déterminée par les grandes chaleurs, succomba le 1er août 1137.

Plus que personne, Suger en ressentit un profond chagrin, car il perdait en lui l'homme qui l'avait le plus apprécié, et auquel, en retour, il avait été le plus utile. Pensant lui-même à sa fin, il avait, pendant la maladie du roi, le 17 juin 1137, rassemblé en chapitre les religieux de Saint-Denis et avait fait son testament en présence de toute la communauté. Dans cet acte, dont l'original est aux Archives nationales, on trouve d'abord des dispositions pour le repos de son âme; mais, ce que nous avons surtout noté, c'est sa sollicitude à l'endroit des pauvres, pour lesquels il institue d'abondantes aumônes : deux muids de froment convertis en pain, quatre muids de vin, soixante livres de viande devaient leur être donnés annuellement.

L'abbé de Saint-Denis comprit qu'il devait à la mémoire de Louis VI de ne point abandonner son fils dans la direction du gouvernement. Aussi conseilla-t-il au jeune roi de revenir le plus vite possible à Paris pour prendre possession de ses États et contenir dans le devoir certains esprits hostiles qu'on savait s'être opposés à son couronnement. Une grande agitation régnait, en effet, dans le domaine royal ; le baronnage relevait la tête, et les villes espéraient arracher au nouveau roi les chartes de communes que Louis le Gros n'avait pas voulu leur octroyer.

Les habitants d'Orléans s'étaient soulevés et avaient juré la commune entre eux. Cette ville dépendait immédiatement du roi et ceux qui avaient voulu la commune ne lui avaient point adressé de demande légale. Louis VII se hâta d'arriver à Orléans, où il entra sans résistance et il fit mourir de malemort les chefs de la rébellion, se voyant ainsi obligé, à son grand regret, de commencer son règne par répandre le sang de ses sujets.

Le roi se dirigea ensuite sur Paris. L'insuccès de la tentative des Orléanais, la ratification de quelques privilèges récemment accordés par Louis le Gros en 1134, empêchèrent Paris de remuer. La grande majorité de la population était du reste dans les meilleurs sentiments pour la jeune reine, qui réunissait toutes les grâces et qui apportait au roi de France : le Poitou, le Limousin, le Bordelais, l'Agénois, l'ancien duché de Gascogne et la suzeraineté sur l'Auvergne, le Périgord, la Marche, la Saintonge et l'Angoumois. Aussi l'enthousiasme fut au comble. Jamais, depuis la fondation de la monarchie, on n'avait vu en France tant de bals, tant de jeux, tant de tournois, tant de réjouissances, tant de festins, qu'il s'en fit dans tout le royaume et surtout à Paris, pour l'entrée solennelle et les noces de Louis VII, quoiqu'elles eussent déjà été faites à Bordeaux.

Des concessions successives apaisèrent le ressentiment des Orléanais si durement traités : il fut interdit au prévôt royal qui régissait la ville et à ses sergents de vexer et de rançonner les bourgeois, puis le roi favorisa l'essor du commerce de cette ville par plusieurs bons règlements ; il abolit même la mainmorte à Orléans et dans tout l'Orléanais. Nous sommes convaincu que Suger contribua beaucoup

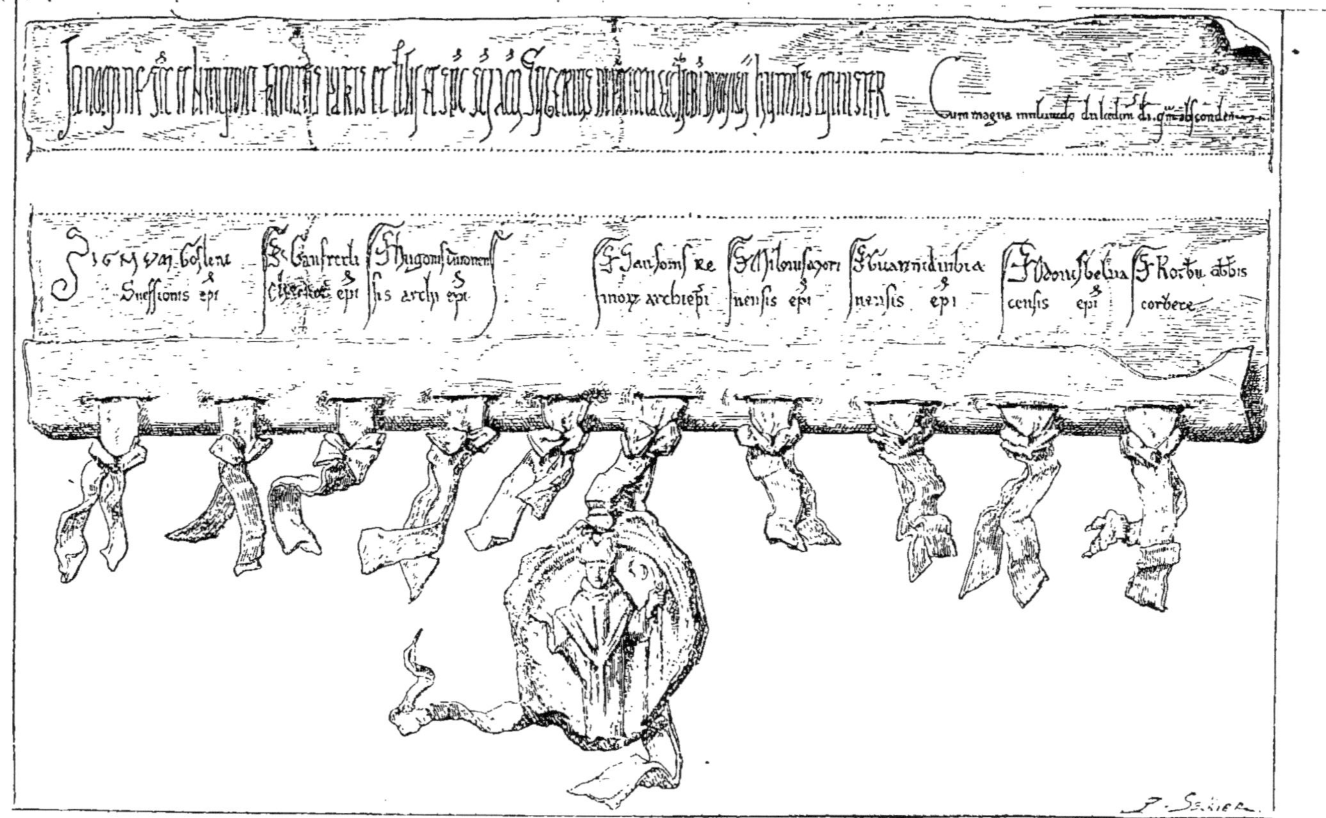

FAC-SIMILÉ DU TESTAMENT DE SUGER.

à ces concessions du roi, de même qu'il le détourna de l'intention qu'il avait eue de diminuer le poids de la monnaie royale, mesure pleine de périls et qui avait causé tant d'inquiétudes, que plusieurs villes étaient venues le supplier de ne point altérer la vieille monnaie de son père. Mais où nous voyons l'esprit politique de Suger se montrer, c'est au moment de la mort de 'évêque de Reims, Renaud de Martigné.

On sait que le saint-siège avait enfin obtenu que la puissance impériale cessât d'intervenir directement dans le choix des ministres de l'Église. Innocent II désirait affirmer ce principe de liberté, d'autant plus que l'influence laïque pouvait nuire à la réforme religieuse en donnant encore aux églises des hommes trop attachés à l'intérêt du monde.

Mais Louis VI regardait comme l'une des principales prérogatives de la couronne de prendre une part presque absolue dans les élections ecclésiastiques du royaume.

Quant à Suger, il était entré dans la réforme, il en avait les principes, mais il voulait en même temps que le monarque conservât dans les élections canoniques une influence légitime et qu'il se fît un devoir de ne l'exercer jamais qu'en faveur des plus dignes. Il ne rejetait pas non plus entièrement chez le ministre de l'Église la science des choses séculières.

Sa pensée était sage, mais la faire prévaloir entre l'opinion du pape et celle du roi n'était pas chose facile.

A la mort de l'évêque de Reims, Louis VII avait retardé à dessein l'élection de son successeur. Les Rémois profitèrent de la vacance pour reconstituer par un effort commun et pour rendre à l'avenir inattaquables les garanties de liberté dont les débris s'étaient conservés chez eux pendant plusieurs siècles. Les bourgeois, disent les anciens registres des églises de Reims, se conjurèrent pour établir une république en faveur d'une vacance du siège archiépiscopal, ils adoptèrent la charte de Laon. Tout le clergé s'émut au bruit de cette atteinte portée à ce qu'il nommait « les libertés » de l'illustre église de Reims, c'est-à-dire à la liberté qu'avait l'archevêque de taxer, piller et charger d'amendes les bourgeois. Saint Bernard en écrivit au pape Innocent II et le pape au roi Louis VII. Innocent enjoignit à ce prince « pour la rémission de ses péchés » de dissiper par sa puissance royale les coupables associations des Rémois. Suger intervint. Les bourgeois adressèrent au monarque, en termes soumis, la demande d'une charte de commune. L'abbé de Saint-Denis fut d'avis d'accorder la charte, mais avec les mêmes conditions que celle de Laon ; le monarque réserva expressément les droits de l'église métropolitaine aussi bien que les droits du monastère de Saint-Remi, situé dans un des faubourgs de la cité.

Mais telle était la force de ce mouvement qui entraînait partout les bourgeois au delà des concessions primitives, que le roi fut bientôt obligé de rappeler les bourgeois de Reims à l'observation de leur charte. On retrouve dans la lettre du roi à ce sujet le ton ferme et grave de l'abbé Suger et même son style mêlé de fréquentes antithèses : on va en juger.

« Vous savez que, donnant notre consentement à votre humble demande et à vos prières, nous vous avons octroyé une commune sur le modèle de celle de Laon, et en réservant le droit et les coutumes de l'archevêché, ainsi que les différentes églises. Nous l'avons fait avec la pure et simple intention qu'il vous en revînt un avantage, mais que de votre avantage il ne résultât, ni pour les églises, ni pour nous-même, aucun préjudice ni aucun déshonneur. Mais vous, allant bien au delà de notre concession et affirmant que ce qui est du droit des églises n'est pas de leur droit, prétendant aussi que les coutumes établies d'ancienne date ne sont pas des coutumes, vous attentez violemment à la dignité et aux possessions des églises. Sur ce, nous vous mandons et ordonnons de laisser en paix et intacts les droits et les coutumes que possèdent depuis cent ans plus ou moins l'église de Sainte-Marie et les autres églises, principalement celle de Saint-Remi ; nous voulons que vous déposiez cette obstination et cette dureté que vous montrez à leur égard. Autrement, si elles sont forcées de réclamer notre merci, nous n'entendons pas que notre justice leur manque : nous ne le devons pas, nous ne le pouvons même pas et d'aucune manière nous ne le souffrirons pas. »

Cet avertissement n'eut pas grand résultat, l'agitation des hommes de la commune était loin de s'apaiser, et Louis VII songeait à abolir la charte qu'il avait donnée. Suger le détourna de cette pensée et le roi se contenta d'adresser une nouvelle remontrance plus sévère que la première, qui n'empêcha pas de nouvelles infractions. Ce qui prouva à Suger que dans la réforme qu'il avait entreprise, il était difficile de faire prévaloir la justice et la modération.

Une autre complication vint encore susciter des difficultés à Suger. La jeune reine, qui avait l'esprit extrêmement avancé et plus qu'une personne de quinze ans, avait déjà insisté auprès de son époux pour l'engager à retirer le comté de Toulouse des mains d'Alphonse. Ce comté, disait-elle, faisait partie de la succession de ses pères. Le comte de Toulouse fut donc sommé, de la part du roi, de rendre son comté. Il répondit qu'il lui avait été vendu par son frère aîné, et qu'en conséquence il avait droit de le garder. Le roi lui déclara la guerre.

Suger n'était pas de cet avis. Le droit de la reine lui paraissait douteux, le contrat de vente d'Alphonse était en très bonne forme, puis l'abbé de Saint-Denis ne trouvait pas raisonnable qu'on allât porter la guerre si loin du cœur de la France, guerre qui entraînerait des dépenses énormes, et qui ferait croire à l'Europe que le roi n'avait que des idées de conquête. Les sages conseils de Suger ne furent point écoutés.

Louis convoqua le ban de ses vassaux à la Saint-Jean de 1141, afin d'envahir le comté de Toulouse; mais les princes français se montrèrent peu disposés à seconder le roi dans une conquête qui lui eût donné sur eux une prépondérance accablante. La marche envahissante de la couronne commençait à les effrayer; pour l'arrêter, il leur suffit de rester immobiles et de ne pas remplir leur devoir féodal : le comte Thibaut de Champagne, entre bien d'autres, refusa nettement de se rendre à l'armée royale. Louis entama cependant le siège de Toulouse, mais la résistance vigoureuse d'Alphonse le Jourdain le força bientôt à la retraite.

Pendant ce temps, Suger était rentré dans son abbaye. A cette époque, l'église de Saint-Denis, construite par Pépin et Charlemagne sur les anciens fondements de celle de Dagobert, était devenue trop petite : il résolut d'en édifier une plus spacieuse et plus belle.

Dans cette vue, il fit venir de tous les endroits du

royaume les plus habiles ouvriers qu'on pût trouver : peintres, sculpteurs, graveurs, fondeurs, menuisiers, orfèvres, arrivèrent en hâte à Saint-Denis, sachant que l'abbé n'épargnait rien quand il s'agissait d'exécuter une grande œuvre.

Une carrière de Pontoise, qui avait été signalée à Suger, fournit une excellente pierre, et chacun dans la contrée voulut contribuer à l'édification de l'église de Saint-Denis. On vit les riches et les pauvres, les nobles, les bourgeois et les serfs, les femmes et les enfants s'attacher aux câbles qui servaient à enlever les pierres, à tirer du fond de la carrière ces énormes blocs et les amener à force de bras par les chemins les plus difficiles jusqu'au lieu de leur destination. Ce mouvement se communiqua à d'autres provinces, et c'est à lui qu'on dut l'édification des magnifiques cathédrales du XIIe siècle.

Un trait montre quelle ardeur Suger déploya pour la construction de son église. Les charpentiers lui avaient dit qu'il ne trouverait pas dans toute l'Ile-de-France d'arbres aussi grands qu'il le désirait, les plus beaux ayant été abattus pour construire des machines de guerre. Suger pensait le contraire. Lorsque une nuit, après matines et un peu avant le lever du jour, il s'assit sur son lit afin de réfléchir encore aux moyens de sortir de son embarras, l'idée lui vient alors de visiter lui-même les forêts des environs. Il se lève à l'instant même, prend la mesure des poutres, appelle plusieurs charpentiers et décide de partir avec eux dans la forêt de Chevreuse, une de celles qui appartenaient à l'abbaye. Il ordonne aux gardes de lui déclarer, sous la foi du serment, si l'on ne pourrait pas, en cherchant avec soin, trouver douze poutres de la longueur qu'il voulait. Ces hommes se mettent à sourire et lui demandent s'il ignore, en effet, que le châtelain Milon de Chevreuse, qui tient la forêt en fief de Saint-Denis, n'a rien laissé de pareil sur pied, pendant ses guerres contre le roi et contre le sire de Montfort. Suger ne désespère pas de trouver ce qu'il cherche, et, entraîné par son instinct, il s'enfonce dans la forêt. Au bout d'une heure de recherches, il avait découvert un arbre ayant la longueur nécessaire. Il était neuf heures du matin. Ravi de joie, l'abbé poursuit sa marche à travers les ronces et les broussailles et, à midi, il a réuni onze poutres pareilles à la première. Aussi les fit-il conduire comme en triomphe à Saint-Denis.

Ce fut lui encore qui trouva le secret de ne point interrompre durant les hivers, quelque rudes qu'ils fussent, le travail de ce grand nombre d'ouvriers qu'il occupait à son bâtiment.

Quand la nef de l'église fut achevée, on en fit la dédicace. Beaucoup d'évêques et de personnages importants assistèrent à cette cérémonie, admirèrent l'œuvre de l'abbé de Saint-Denis et l'engagèrent à l'achever. Le chevet restait encore à faire : ce qui en tenait lieu n'avait aucun rapport avec la nouvelle nef. Suger fit donc abattre tout le vieux bâtiment et, lorsque la place fut disposée pour les fondations, il pria quelques prélats d'y mettre la première pierre.

Le roi, qui en fut averti, voulut avoir cet honneur. Il vint en effet avec toute sa cour, et sa présence attira quantité de prélats et d'autres personnages. La cérémonie fut des plus curieuses. Les évêques descendirent jusque dans les tranchées, tenant en leurs mains les reliques qu'on devait mettre dans les fondations après les avoir bénites. Puis le roi posa la première pierre au son des trompettes et autres instruments de musique; le roi détacha un anneau de grand prix qu'il avait au doigt et le jeta dans les fondations, et tous les courtisans suivirent son exemple.

Dom Gervaise dit qu'il n'est pas croyable combien cette journée fut glorieuse pour Suger, et combien il reçut de louanges et de compliments de toute la cour. « Plus le roi lui témoignait d'amitié, plus les courtisans s'empressaient de lui donner des marques de leur respect et de leur attachement, tant il est vrai que la vie du monde est une espèce de comédie où chacun joue un personnage fort différent de ce qu'il est en effet, car combien y en avait-il parmi tous ces adorateurs qui eussent voulu voir l'abbé de Saint-Denis effacé du nombre des vivants et qui, dans le fond de leur cœur, maudissaient leur sort, en se voyant obligés de rendre à un petit moine de basse naissance des honneurs et des déférences qu'ils croyaient mériter plus que lui ! »

Et cependant, si jamais un abbé conseiller du roi se montra intelligent, habile et homme d'Etat distingué, ce fut bien Suger, qui eut continuellement à résoudre des difficultés entre l'Eglise et le pouvoir royal. L'élection à l'archevêché de Reims dont nous avons parlé s'était terminée par la nomination de Samson de Mauvoisin Rosni, d'une famille noble du Vexin français. Le roi avait fait une grande opposition à cette nomination et il avait fallu toute l'influence de Suger et de saint Bernard pour qu'il y donnât son assentiment. A peine ce différend était-il apaisé, qu'un autre s'éleva avec Algrin, archidiacre de l'église d'Orléans, qui avait succédé à Simon dans les fonctions de chancelier de la couronne. C'était un homme ambitieux, avide d'honneurs et de richesses. Il avait obtenu depuis longtemps la chancellerie de l'église de Notre-Dame de Paris, qui lui donnait beaucoup d'influence. Mais le roi, de son côté, désirait pourvoir son frère Henri d'un certain nombre de charges ecclésiastiques dans le domaine de la couronne. Algrin ne se prêtait pas volontiers aux sacrifices qui lui étaient demandés; il montra tant de mauvaise volonté qu'il finit par irriter le roi : il fut dépouillé de sa charge et déclaré ennemi de la cour. Suger entreprit encore de calmer la colère du roi. Il s'associa pour cette tâche difficile saint Bernard et l'ancien sire de Créci, Hugues de Rochefort, qui s'était fait religieux. L'abbé de Saint-Denis eut le bonheur de réussir à rétablir la paix entre le chancelier et le roi. Louis VII avait eu le tort de méconnaître à l'égard de son ennemi les formes du droit légal. Suger comprit qu'il fallait que cette faute fût réparée, et il fit déclarer au roi, par une clause spéciale du rétablissement de la paix, que, si jamais quelque nouveau différend s'élevait entre lui et Algrin, la cause serait examinée suivant toutes les règles de la justice.

CHAPITRE XVII

La politique de Suger à l'égard des communes. — Mariage de Raoul, comte de Vermandois, avec la sœur de la reine. — Lettre de saint Bernard à Suger à cette occasion.

La politique de Suger à l'égard des communes était habile et libérale. Confirmer les libertés accordées et de plus les mettre sous la protection de l'autorité royale, tel fut le but qu'il se proposa et vers lequel il avait toujours poussé le roi Louis le Gros. Il conseilla la même politique à Louis VII et, dès les premières années de son règne, les villes qui avaient obtenu l'affranchissement renouvelèrent par l'organe de leurs magistrats le serment de fidélité à la couronne et reçurent en échange la confirmation de leurs privilèges. Les jurés de Noyon vinrent prêter serment à Louis VII dans le château de Compiègne (1140). Le roi déclara, en termes simples mais précis, qu'il maintenait à perpétuité tous les droits de la commune et qu'il les plaçait sous la garantie même de la puissance royale.

Au milieu des préoccupations de la politique, Suger n'oubliait pas son église; il en poussait activement les travaux, si bien que vers le milieu de 1140 le nouveau portail de Saint-Denis fut terminé. La principale porte d'entrée fut décorée de magnifiques bas-reliefs de bronze doré. La consécration du nouveau portail eut lieu le 16 du mois de juin.

Puis, voulant compléter son œuvre, il résolut de rebâtir le sanctuaire de l'église, et, pour la décoration, il appela les artistes les plus renommés. Il fit venir d'Italie les verriers les plus célèbres; des orfèvres lorrains travaillèrent plusieurs années au grand crucifix d'or du maître autel.

Dès le mois de juillet, le roi vint lui-même poser la première pierre de cette nouvelle construction. Il fit présent, ainsi que la reine, de plusieurs pierres précieuses qui devaient servir d'ornement au grand autel.

La basilique de Saint-Denis, pour répondre au sentiment de Suger, devait être, en même temps qu'un édifice religieux, un monument national. Aussi eut-il soin de faire représenter sur les verrières, avec l'histoire de l'Ancien Testament et de l'Église chrétienne, l'histoire de France, celle de Charlemagne, les exploits des chrétiens en Terre Sainte.

Comment Suger pouvait-il suffire à tant de dépenses, et surtout à une époque où la disette sévissait dans plusieurs provinces? C'était à l'aide de sa bonne administration, avec le revenu de toutes les terres de l'abbaye, qui, mieux cultivées et confiées à des mains plus habiles, plus intéressées à une production abondante, savaient en tirer un meilleur parti pour eux et pour l'abbaye.

Mais, si tout allait bien dans l'administration de l'abbaye où Suger était aimé et respecté, il n'en était pas de même dans les affaires de l'État. Le jeune roi n'était pas facile à diriger. Les intérêts de l'Église et ceux de la royauté se trouvaient encore souvent en opposition.

Les papes réclamaient, au nom de leur autorité spirituelle, le privilège absolu de nommer aux fonctions ecclésiastiques, et ils profitaient de toutes les circonstances pour revendiquer ce droit. Les rois, de leur côté, craignaient d'autant plus ces nominations faites par le pape, que, d'après la manière dont la société était constituée, les évêques étaient presque tous en même temps des seigneurs. En 1141, le siège épiscopal de Bourges étant devenu vacant, un clerc de cette église, élu par une partie du clergé, avait obtenu l'assentiment du roi.

Les autres suffrages avaient été réunis par Pierre de la Châtre, qui avait en sa faveur le pape Innocent II, saint Bernard, Pierre le Vénérable et l'abbé Suger. Le pape fit consacrer à Rome Pierre de la Châtre en qualité d'archevêque de Bourges. A cette nouvelle, Louis VII irrité jura que l'élu du pape n'entrerait pas sur les terres de l'église de Bourges. Innocent II répondit au roi en jetant l'interdit sur le royaume de France. Suger se trouva dans une situation très délicate : comme religieux et abbé de Saint-Denis, il eût voulu soutenir le pape ; comme homme d'État, il ne pouvait donner tort au roi.

Dom Gervaise dit que les dévots prirent le parti du pape et les politiques celui du roi. Suger et tous les ministres d'État appuyèrent la conduite de Louis VII et le confirmèrent dans ses sentiments de ne pas souffrir qu'on portât de si cruelles atteintes à son autorité. Ils trouvaient singulier qu'un pape qui avait de si grandes obligations à la France et qui n'était sur le trône de Saint-Pierre que par la protection qu'elle lui avait accordée, voulût faire ainsi le maître dans le royaume et disposer des évêchés les plus considérables contre la volonté du roi. Saint

PORTAIL DE L'ÉGLISE CANONIALE DE SAINT-DENIS
CONSTRUIT PAR ORDRE DE SUGER.

Bernard, tout l'ordre de Cîteaux et le comte de Champagne, leur ami intime, soutenaient les intérêts du pape avec un grand nombre de personnes de piété qui, par scrupule et peut-être faute de lumières, auraient cru résister à la volonté de Dieu en s'opposant à celle de Sa Sainteté, tant les papes étaient absolus en ce temps-là. Le comte de Champagne poussa même son zèle jusqu'à donner retraite dans ses États à Pierre de la Châtre.

Le roi irrité envoya son frère Robert avec des troupes à Reims, à Châlons et dans tous les évêchés des États du comte de Champagne, dont les prélats avaient embrassé les intérêts du pape. On les chassa de leurs sièges, on s'empara de leurs biens et de leurs revenus : l'évêque de Paris fut du nombre, et tous furent traités comme des rebelles à leur souverain.

Saint Bernard comprit alors qu'il avait été trop loin en soutenant le pape ; il pensa qu'il fallait alors s'adresser à Suger, qui avait toujours une grande autorité auprès du roi, à l'évêque de Soissons, qui était aussi ministre d'État ; il leur demanda d'agir auprès de Louis VII pour qu'il consentît à l'installation de l'archevêque de Bourges et avoir la paix avec Rome. Puis il pria Pierre le Vénérable, abbé de Cluny, d'écrire au pape pour lui demander de lever l'interdit qu'il avait jeté sur le royaume de France. Ce fut en vain qu'on sollicita le pape. Il n'y eut que Suger et l'évêque de Soissons qui parvinrent à fléchir le roi, à lui faire agréer la nomination de l'élu du pape, et Yves, légat du saint-siège, leva l'excommunication. Ainsi fut terminé le différend avec le comte de Champagne.

Mais à peine la paix était-elle établie sous ce rapport, que Raoul, comte de Vermandois, cousin germain de Louis le Gros, et premier prince du sang, qui avait reçu mission de conduire Louis le Jeune à Bordeaux au moment de son mariage, vint à s'éprendre d'un amour irrésistible pour Pétronille, sœur d'Éléonore, épouse du roi de France, jeune personne d'une grande beauté. L'épouser, c'était impossible, car il était déjà marié à la nièce de Thibaut, comte de Champagne, dont il avait même plusieurs enfants. Il songea à employer le moyen usité à cette époque. Il résolut de prouver que son mariage devait être annulé en raison de sa parenté avec la nièce de Thibaut de Champagne. Raoul confia son projet au roi et à la reine, qui l'encouragèrent dans ses desseins. Une assemblée d'évêques eut lieu et, comme dit Gervaise, il s'en trouve toujours assez à la cour qui sont dévoués aux volontés du prince, quelque injustes qu'elles soient. Simon de Noyon, Barthélemi de Laon et Pierre de Senlis furent du nombre de ces évêques. Ils affirmèrent par serment devant le roi la parenté de Raoul avec la nièce du comte de Champagne à un degré prohibé, et ils prononcèrent la nullité du mariage, mais en secret, comme si leur conscience leur eût reproché l'horreur qu'il y avait à mettre au jour une décision si détestable; dès le lendemain ils marièrent le comte de Vermandois avec Pétronille.

Ce mariage causa un grand scandale. Saint Bernard fut indigné, il en écrivit au pape et au roi de France, traitant d'adultère le comte de Vermandois. De son côté, Thibaut de Champagne se plaignit si vivement à Rome, que le saint-père excommunia Raoul, mit ses terres en interdit et suspendit les évêques qui avaient prononcé une sentence si injuste.

Transporté de fureur, oubliant le traité qu'il avait juré avec Thibaut de ne plus jamais se livrer l'un ou l'autre à un acte d'hostilité sans remettre leur différend à Suger, à l'évêque de Soissons, à saint Bernard et à l'évêque d'Auxerre, Louis VII résolut d'exercer la plus terrible vengeance sur le comte de Champagne. Saint Bernard, lui ayant vainement écrit, adressa à ses conseillers, Suger et l'évêque de Soissons, une lettre pleine d'indignation et dans laquelle il blâmait sévèrement le roi, et leur disait : « Sont-ce là les conseils que vous lui donnez? D'un côté il est peu croyable qu'il agisse contre votre avis ; de l'autre il est encore moins croyable que vous ayez l'âme assez noire pour lui inspirer de si mauvais desseins. Et vous, si vous êtes des enfants de paix, si vous aimez celle de l'Église, comment pouvez-vous, je ne dis pas traiter de leurs affaires, mais assister à un conseil d'État si injuste? On a droit d'imputer tout le mal qu'un jeune roi peut commettre, à des ministres que l'âge et l'expérience rendent inexcusables. »

Suger répondit avec calme à saint Bernard, lui affirmant qu'il était loin d'entretenir l'animosité du roi contre Raoul, qu'il honorait et estimait infiniment. L'évêque de Soissons répondit aussi à saint Bernard, mais par une lettre des plus injurieuses. On crut un instant que le comte de Vermandois renoncerait à Pétronille; mais il ne put s'y résoudre, et le roi, du reste, voulant sauver l'honneur de sa belle-sœur, le soutint dans sa résolution. Rome fulmine de nouveau. Louis VII entre dans une telle colère que, sans écouter les sages avis de Suger, il se met à la tête de ses armées et part ravager (1142) la Champagne. Il arrive devant Vitry en Pertois, où il y avait une assez bonne garnison qui lui résiste ; il assiège la ville, presse les travaux, anime les gens, leur inspire tout le feu de la passion qui le transporte ;

il monte le premier à l'assaut, force la place, fait passer au fil de l'épée tous ceux qu'il rencontre, et fait mettre le feu à la ville; les flammes se communiquent à l'église, où 1300 personnes qui s'y étaient réfugiées furent brûlées.

Cet acte de cruelle barbarie fut jugé comme il le méritait dans toute la France, et si quelqu'un en fut profondément attristé, ce fut Suger, qui n'avait pu maîtriser la colère du roi. Aussi, quand Louis VII fut de retour de cette malheureuse expédition, il ne reçut aucune félicitation de son ministre; il put voir à sa tête baissée, à son air triste, accablé, qu'il était profondément découragé, mécontenté de ce qui s'était passé à Vitry. Saint Bernard lui écrivit une lettre sévère, où il lui reprocha de ne pas avoir gardé la foi donnée, et aussi de haïr ses amis, d'aimer les ennemis de la gloire de son règne, les perturbateurs du repos de son royaume.... « Disposez donc à présent, comme il vous plaira, de vos États, de la gloire de votre nom, de votre âme, de votre salut.

» Je ne dissimulerai plus que vous cherchez à renouveler une alliance avec des excommuniés, que vous conspirez avec des scélérats et des brigands pour verser le sang innocent, brûler les maisons et les églises, détruire les monastères et ruiner les pauvres, que vous courez au pillage avec le voleur et que vous faites société avec l'adultère, comme si vous n'étiez pas assez puissant pour faire le mal sans vous associer aux autres.

» Je crains pour vous quelque révolution fâcheuse : c'est dans cette vue que je vous parle durement. Mais souvenez-vous de ces paroles du juge : les blessures d'un ami valent mieux que les baisers d'un ennemi. »

Cette lettre produisit sur le roi un effet beaucoup

plus grand que saint Bernard ne l'attendait. Louis VII, qui avait mis tant de fureur dans le massacre de Vitry, comprit l'énormité du mal qu'il avait commis. Non seulement il en eut regret, mais il fut obsédé de remords et tomba dans une tristesse dont rien ne pouvait l'arracher, ni les consolations de Suger, ni celles de ses autres amis. Il n'y eut que saint Bernard qui pût lui faire reprendre courage. La paix avec le comte de Champagne fut résolue, mais Thibaut exigea, comme condition essentielle, que Raoul fût éloigné de la cour, et Suger obtint de Louis ce sacrifice. Mais, hélas ! cette paix devait être de courte durée. Thibaut de Champagne avait appris à redouter le roi; aussi songea-t-il à s'entourer d'alliés nombreux et puissants. Il demanda pour son fils la main de Laurette, fille de Thierri, comte de Flandre, et il négocia en même temps pour une de ses filles un autre mariage avec le fils d'Yves, comte de Soissons.

Le roi comprit les intentions de Thibaut et, n'écoutant point encore les conseils de Suger ni ceux de Joslen, évêque de Soissons, il attaqua les deux projets de mariage comme interdits par l'Église et comme opposés à l'obéissance qui lui était due à lui-même. Il rappela le comte de Vermandois et lui rendit l'épée de sénéchal. Alors nouvelle excommunication contre Raoul, interdit sur le royaume; Louis VII part de nouveau en Champagne. Saint Bernard intervint et ses efforts réunis à ceux de Suger et de Joslen amenèrent la paix, le 24 février 1144. Louis VII se réconcilia entièrement avec le comte de Champagne; il rappela Pierre de la Châtre, lui donna l'investiture de l'archevêché de Bourges. Une ambassade fut envoyée à Rome. Le pape Célestin II prononça l'absolution du monarque. Mais le comte de Vermandois préféra rester excommunié que de se séparer de Pétronille.

La paix rétablie entre le roi et l'Église, Suger en profita pour faire, le 14 juin 1144, une consécration solennelle du nouveau sanctuaire de Saint-Denis. Ce fut une cérémonie des plus imposantes, à laquelle assistèrent le roi, la reine, le comte de Champagne, une foule de seigneurs, de chevaliers, dix-huit évêques et quantité d'ecclésiastiques. Nous n'insisterons pas sur cette cérémonie, qui est racontée avec détails par les historiens sacrés; nous ferons seulement remarquer que la reconstruction de la basilique de Saint-Denis a été le signal d'un mouvement d'architecture religieuse qui a déterminé la construction des cathédrales de Chartres, de Rouen, d'Amiens, de Sens, d'Orléans, de Tours et d'Angers, et s'est propagé en Champagne, en Lorraine et jusque sur les bords du Rhin. L'abbé de Saint-Denis lui-même voulut compléter son œuvre : il fit reconstruire les deux ailes de son église. Ne serait-ce que pour l'élan donné à la construction de ces magnifiques édifices, que pour le mouvement artistique qu'il a déterminé en architecture, en sculpture, en ciselure, en peinture, Suger a mérité l'admiration de la postérité.

CHAPITRE XVIII

Nouvelles créations de villes neuves par Suger et Louis VII.

Louis VII, formé à l'école de Suger, continua l'œuvre d'affranchissement entreprise par son père, et les seigneurs, dans la crainte de voir leurs villages abandonnés, furent aussi contraints d'entrer dans cette voie. Nous verrons plus tard les seigneurs de Montfort demeurés maîtres d'une portion de l'Albigeois, pour faire oublier les crimes de leur invasion, accorder de nombreux privilèges à leurs vassaux et construire plusieurs bourgades qui furent appelées villes franches, ce qui signifie villes neuves affranchies. Ainsi Villefranche, près Ambialat, fut dotée par Philippe de Montfort de privilèges assez importants, parmi lesquels on remarque le droit de tester, soit par écrit, soit verbalement en présence de cinq témoins.

De son côté, Suger, comme le constate Huguenin, donna naissance à un genre d'établissement qui, sous le rapport politique et social, ne manquait pas d'importance : ce fut l'établissement de villes neuves constituées sous un régime particulier.

Les terres de Saint-Denis offraient, comme celles du reste de la France, de nombreux espaces entièrement abandonnés, parce que les habitants ne pouvaient y vivre en paix, ni jouir du fruit de leurs travaux. Les malheureux ainsi chassés des campagnes cherchaient forcément d'autres moyens d'existence. Les uns venaient dans les bourgs se faire manouvriers, les autres s'enrôlaient au service de quelque petit châtelain guerroyeur; les plus pauvres ou les plus mal inspirés se mettaient à exercer le brigandage et transformaient en solitude complète les lieux déjà abandonnés. Entre autres domaines marqués de ce caractère de désolation, Saint-Denis comptait la terre de Vaucresson, commune aujourd'hui située à quelques kilomètres de Versailles : là, au temps de Suger, on rencontrait un espace de deux milles entièrement désert, à cause des voleurs qui infestaient les forêts voisines.

En 1145, Suger eut l'idée de faire à Vaucresson ce que nous appelons de nos jours une concession de terrain et, pour assurer le succès de son entreprise, il n'imagina pas d'autres moyens que d'accorder de bonnes conditions à ceux qui voudraient y prendre part. Il fit d'abord construire dans ce lieu si mal famé un certain nombre de maisons; ensuite il publia un décret ainsi conçu :

« Nous avons établi que tous les hommes qui viendront demeurer dans la ville neuve que nous faisons bâtir en ce moment et que l'on appelle Vaucresson, posséderont un arpent et un quart de terre et payeront douze deniers de cens pour leur habitation. Nous voulons qu'ils soient exempts de toute taille et des droits coutumiers ordinairement exigés... Pour l'arpent de terre, en quelque endroit qu'ils l'aient reçu, ils nous payeront quatre deniers de cens et la dîme. Mais nul ne recevra de terres à cultiver dans les dépendances de la ville, s'il n'y est domicilié. »

Sur cet appel, soixante familles vinrent dans l'année même s'établir à Vaucresson, et les voleurs s'éloignèrent. « La verdure du jonc et du roseau, dit Suger, qui emprunte ici le langage de la Bible, reparut dans ce lieu où habitait naguère le dragon furieux. »

Les résultats si étonnants et si subits qu'on vit se produire en 1145 à Vaucresson furent un véritable trait de lumière. Vaucresson devint le modèle de nombreuses villes neuves établies dans le domaine royal par Louis VII et ouvertes comme autant d'asiles au cultivateur laborieux, même au serf vagabond, à l'ouvrier ambulant, au petit marchand colporteur. Elles formèrent ainsi de véritables communes, mais des communes essentiellement agricoles, où les franchises données et reçues pacifiquement, puis exercées sous la présidence d'un prévôt royal, tournèrent au profit des habitants, à l'avantage de la terre et à celui de l'État.

La même année encore, l'abbé de Saint-Denis fonda dans l'archevêché de Paris Villeneuve-la-Garenne, qu'il dota de privilèges analogues aux précédents. La seule condition qui fut imposée aux colons, ce fut l'obligation de servir dans les guerres de l'abbaye.

Dans ces deux fondations on voit clairement l'idée de réunir des hommes sous son autorité, d'en faire des cultivateurs, et aussi des soldats, qui s'opposeraient aux déprédations des seigneurs, défendraient les intérêts de l'abbaye en même temps que les leurs. Cette pensée de transformer des serfs en cultivateurs censitaires servait admirablement les intérêts des propriétaires, auxquels la terre ne rapportait rien ou presque rien. C'est ce que nous voyons dans la charte de Villeneuve, près de Compiègne, fondée en 1153 par la veuve de Louis le Gros. La reine déclare que c'est sous le commandement de son fils qu'elle a créé ce bourg, dont les habitants seront exempts de toutes coutumes et redevances, à la condition qu'ils lui payeront, chaque année, quatre

VIEILLE PORTE A VILLENEUVE-SUR-YONNE.

chapons seulement pour le terrain concédé, et deux chapons seulement s'ils n'en reçoivent que la moitié. Pour chaque arpent de vigne qu'ils voulaient planter, ils étaient tenus de fournir un quartaut de vin.

Plus tard Louis VII se mit lui-même à l'œuvre. Il

créa en 1163 une des plus importantes villes neuves que nous connaissions : nous voulons parler de Villeneuve-le-Roi, dans le département de l'Yonne, qui fut moins une colonie agricole qu'une sorte de bastille devant servir de rempart contre la Bourgogne. Aussi fut-elle environnée d'un fossé profond, close de murs ayant environ neuf pieds d'épaisseur, flanquée au nord d'une grosse tour en forme de forteresse, traversée de rues spacieuses et bien alignées.

Les privilèges accordés aux habitants de Villeneuve-le-Roi étaient analogues à ceux de la coutume de Lorris. Les habitants de cette ville nouvelle furent, d'autre part, tellement protégés par le roi, que les pays circonvoisins appelèrent les habitants de cette nouvelle ville « Messieurs de Villeneuve ».

L'administration de cette cité fut confiée à un prévôt royal ; elle eut un siège particulier du bailli de Sens, auquel le roi fit ressortir une grande partie du duché de Bourgogne.

Six ans plus tard, Louis VII créait une autre ville neuve aux environs d'Étampes, dans la plaine de Varenne, près le gibet de Montfaucon. Pour prix des privilèges accordés aux colons, le roi mettait entre autres conditions que ceux qui tiendraient d'autres biens de Sa Majesté dans un autre territoire lui en payeraient les droits ordinaires ; que si quelqu'un de ses serfs ou fiscalins venait y demeurer, il n'acquérait point pour cela d'affranchissement ; le roi se réservait d'en faire à sa volonté. Cette dernière restriction prouve bien que si Louis VII voulait, par l'attrait des affranchissements, attirer dans les colonies nouvelles les serfs qui désertaient les villages des seigneurs, il ne voulait pas dépeupler ses propres terres, où le servage existait encore.

Le roi met la même condition dans la charte de privilèges qu'il concède, en 1177, à la Villeneuve fondée par sa mère près de Compiègne.

L'exemple donné en Bourgogne par le roi fut suivi par l'archevêque de Sens, Guillaume de Champagne, qui gratifia de franchises, en 1172, un village qui porte aujourd'hui le nom de Villeneuve-l'Archevêque.

Trois années plus tard, c'était Henri, comte de Champagne, qui fondait Villeneuve-des-Ponts-sur-Seine, dont les exemptions rappellent celles de Vaucresson; mais ces privilèges portent ce droit remarquable que les habitants pourront vendre les maisons et terres qui leur ont été données par le comte; que nul ne pourra réclamer un habitant de cette ville s'il n'est son homme de corps, ou s'il n'a sur lui quelque titre de protection qui lui donne droit de poursuite. Les habitants devaient payer pour le droit d'hostise douze deniers par an.

Tel fut le nombre des villes neuves créées au XIIe siècle sous l'impulsion de Suger, de Louis VI et de Louis VII. Telle fut aussi leur influence, que Dom Bouquet reproche à Louis VII d'avoir par ces créations fait perdre aux seigneurs et même à certaines églises une partie de leurs vassaux ; c'est qu'en effet la création des villes neuves fut une véritable révolution dans la condition des terres et des personnes, comme aussi dans l'administration civile et judiciaire.

CHAPITRE XIX

La croisade de Louis VII. — Suger régent de France.

Nous avons suivi l'établissement des villes neuves au delà de l'existence de Suger pour en bien faire voir toutes les heureuses conséquences ; nous allons maintenant revenir à l'époque où nous étions, en 1145. A ce moment l'abbé de Saint-Denis avait écrit la vie de son compagnon d'enfance, du brave et vaillant Louis le Gros : il avait rendu justice à son intelligence, à son activité, à sa ferme autorité, il avait payé sa dette de reconnaissance envers lui et il continuait par une sage administration le développement de la prospérité publique. Aussi saint Bernard ne tarissait plus en éloges à son égard. « S'il y a dans notre Église, écrivait-il au pape Eugène, un vase d'honneur, s'il y a dans la cour du Prince un serviteur fidèle comme David, c'est à mon jugement le vénérable abbé de Saint-Denis. Je connais profondément cet homme, et je sais qu'il est fidèle et prudent dans les choses temporelles et humble dans les choses spirituelles. Mêlé aux unes et aux autres, il demeure, ce qui est on ne peut plus difficile, à l'abri de tout reproche. »

Des évènements importants devaient bientôt troubler la paix que Suger avait eu tant de peine à obtenir. Les Turcs ravageaient la Terre Sainte, égorgeaient les prêtres, profanaient les églises. Le pape écrivit au roi de France, le 1er juin 1145, pour le supplier de venir en aide à l'Église de Palestine. Louis VII, encore tourmenté par les remords du crime de Vitry, pensa qu'il pourrait par une expédition en Terre Sainte expier sa faute. Suger fut alarmé de la disposition du roi : il comprit tout de suite ce qu'il pouvait en résulter de fâcheux pour la France. Il écrivit secrètement au pape pour le prier d'empêcher le roi de France de réaliser ses desseins, il lui fit voir les inconvénients qui pourraient survenir si le roi quittait ses États, alors qu'il n'avait d'autre enfant qu'une fille, et qu'aussi il allait exposer son royaume aux plus cruelles divisions. La lettre arriva trop tard ; le pape avait enjoint à saint Bernard de prêcher la croisade ; il répondit à Suger :

« Qu'à la vérité le dessein du roi l'étonnait et même l'inquiétait ; mais ce prince lui avait témoigné tant de zèle et un si saint empressement pour aller secourir les chrétiens de la Terre Sainte qui étaient dans la dernière désolation, qu'il avait cru que ce dessein lui avait été inspiré de Dieu et qu'ainsi il lui avait déjà envoyé ses bulles à ce sujet ; qu'au reste c'était à lui qui était sur les lieux, et encore plus en qualité de son conseiller et de son fidèle ami, à voir si cette résolution du roi était ferme et constante, si ce n'était point un feu de jeunesse, si ses barons qui devaient l'accompagner dans ce voyage y étaient portés par une véritable dévotion, et qu'alors il ferait pour la sûreté du prince et pour la paix du royaume, en son absence, tout ce qui serait de son devoir, comme il en avait déjà donné des marques dans les bulles qu'il lui avait envoyées » (avril 1146).

Ce fut à Vézelay, le mercredi 29 mars 1146, que saint Bernard prêcha la croisade, que le roi, la reine et un grand nombre de barons, d'évêques, se croisèrent avec quantité d'hommes et même de femmes.

Le 16 février de l'année suivante, une dernière assemblée fut convoquée à Étampes. Le roi désirait consulter les princes et les prélats du royaume sur l'établissement d'une régence. Ils se concertèrent avec saint Bernard, puis revinrent vers le roi. Alors saint Bernard, s'adressant à lui : « Sire, dit-il en lui montrant l'abbé Suger et le comte de Nevers, voici deux gloires, et c'est assez. » Tout le monde approuva le choix et le roi en parut très satisfait. Il n'en fut pas de même des élus. Le comte de Nevers refusa, parce qu'il avait fait vœu de prendre l'habit monastique dans l'ordre de Saint-Bruno.

Par ce refus, l'abbé Suger restait seul pour accepter la régence de France. Aussi le poids de cette charge lui sembla-t-il plus grand et il ne voulait point l'accepter. Il fallut toute l'autorité du pape pour l'y contraindre.

A cette époque, Suger était âgé de soixante-cinq ans, il avait l'expérience et la science nécessaires pour s'acquitter de cette haute fonction. Nature dévouée, esprit vif, expérimenté, jugement solide, insinuant, adroit, persuasif, personne mieux que lui ne pouvait administrer le royaume. Mais si Suger était le plus capable d'être régent de France, il était aussi celui qui savait le mieux combien l'absence du roi pouvait être grave et causer de trouble, de divisions dans le pays. Il prévoyait qu'on pouvait perdre le bénéfice des longues années de luttes, d'organisation, d'ordre établi sous le règne de Louis le Gros. Aussi fit-il tout ce qu'il put pour

VUE GÉNÉRALE DE VÉZELAY.

empêcher cette croisade, pour convaincre le roi du faux emploi de sa pénitence. Il était également désireux de terminer paisiblement sa vie dans le calme de la solitude, dans la modeste cellule qu'il s'était fait construire près de son église, loin des soucis de l'Etat et des agitations du monde.

Le pape était à ce moment réfugié en France, à cause de la révolte des disciples d'Arnaud de Brescia, qui voulaient lui dénier tout pouvoir temporel à Rome.

Le roi était allé le recevoir à Paris avec beaucoup de pompe et suivi d'une grande multitude, et il l'avait conduit ainsi jusqu'à la cathédrale. Suger se tint à l'écart, espérant qu'on ne s'occuperait pas de lui. Mais dès le lendemain, le pape Eugène III l'envoya querir et lui ordonna de se soumettre à la volonté de Dieu qui lui était déclarée pour la bouche de son prince et par le choix de tous les ordres du royaume. Et dès lors il fut traité avec tous les égards dus à sa nouvelle dignité.

La première occasion qui se présenta à Suger d'exercer la souveraine autorité que le roi venait de lui confier fut à l'endroit des chanoines de Sainte-Geneviève de Paris, dont le pape eut sujet de se plaindre quelques jours après son arrivée. Le saint-père ayant voulu célébrer la messe dans leur église, le roi s'y rendit avec toute sa cour. Les chanoines avaient, à cette occasion, étendu un riche tapis devant l'autel. A son arrivée, le pape s'agenouilla sur ce tapis, puis alla dans la sacristie pour revêtir les ornements sacerdotaux.

Tandis qu'il s'habillait, ses officiers prirent le tapis sur lequel il avait fait sa prière et dirent qu'il leur appartenait, selon la coutume; mais les chanoines et leurs domestiques ignoraient ces sortes d'habitudes et, voyant qu'on emportait leur bien, entrèrent dans une telle colère, qu'ils se jetèrent sur les officiers du pape pour le leur reprendre. Ceux-ci ne voulurent point lâcher une si bonne proie. On tira tant sur le tapis qu'il fut mis en pièces : alors les chanoines assaillirent les officiers à coups de poing et de bâton et les mirent tout en sang, si bien qu'ils criaient comme si on les eût égorgés. Au bruit, le roi accourut, mais au milieu de la mêlée il fut frappé, blessé et obligé de se retirer. Le combat ne cessa que quand les chanoines se crurent suffisamment vengés de la perte qu'ils venaient de faire. Alors les officiers du pape vinrent se plaindre à leur maître, lui montrant leurs habits déchirés et leur visage tout saignant. Le pape alla trouver le roi, qui le pria de s'entendre à cet égard avec Suger, qui, pour son essai d'administration, fit un coup de maître.

Il déclara au pape et au roi que les chanoines n'avaient pas une vie des plus édifiantes; il résolut de les chasser et de mettre à leur place des religieux de son ordre.

Le roi avait décidé de partir dans la semaine de l'octave de la Pentecôte. Il se rendit donc à Saint-Denis le 11 juin, pour la célébration de la cérémonie du départ.

Le pape, revêtu de ses habits pontificaux, l'y attendait, accompagné de Suger et de tous les religieux. Il entendit la messe, baisa la châsse de saint Denis et, selon la coutume de ses ancêtres, il prit l'oriflamme dessus l'autel et reçut du pape, avec sa bénédiction, la panetière et le bourdon; quant à la croix, il ne l'avait pas quittée depuis l'assemblée de Vézelay; elle était toujours cousue à la manche droite de son vêtement.

Il dîna ce soir-là avec les religieux, et au sortir de table il embrassa son cher abbé Suger, lui mit en mains les lettres patentes de sa qualité de vice-roi ou de régent du royaume et déclara devant toute sa cour qu'il lui laissait toute autorité.

Néanmoins Samson, archevêque de Reims, devait l'aider de ses conseils, et aussi Raoul, comte de Vermandois, prince du sang, qui commanderait les troupes, si besoin était. Puis le roi embrassa tous les religieux, se recommanda à leurs prières et se disposa à partir pour se rendre à Metz, où était le rendez-vous général de toutes les troupes.

Suger accompagna le roi jusqu'à Reims. Là le monarque lui rappela encore une fois les intérêts de ceux qu'il confiait à sa garde, et, prenant la main de Quercina, il la mit dans celle de l'abbé, en lui déclarant qu'il plaçait le chancelier sous sa protection particulière. Après avoir ainsi donné ses dernières instructions, Louis, les yeux pleins de larmes, fit ses adieux à Suger, qui, non moins ému, lui promit de veiller fidèlement à la tranquillité du royaume.

Vers la fin du mois de juin, cent mille guerriers se trouvèrent réunis sous les murs de la cité de Metz. Louis VII fit publier alors le règlement qu'il avait dressé pour l'observation sévère de la discipline, et l'armée prit ensuite par la ville de Trèves le chemin de l'Allemagne. Nous ne suivrons pas le roi dans son expédition. Là n'est point l'œuvre de Suger, son action est en France. Il ne reste cependant pas indifférent à ce qui se passe en Terre Sainte. Louis VII saura bien, toutes les fois que les choses n'iront pas à son gré et qu'il aura besoin de ses secours, le lui faire savoir. En effet, à peine fut-il en Hongrie, que les choses commencèrent à devenir difficiles. C'est ce que Louis VII indique dans la lettre qu'il écrivit de ce pays à Suger.

« La situation actuelle des choses nous conseille ou plutôt nous presse de nous souvenir de vos avertissements; je veux dire qu'il faut vous occuper sans

SCEAU DE LOUIS VII, DIT LE JEUNE.

retard de chercher de l'argent que l'on puisse nous envoyer sur notre route pour nos dépenses. Lorsque nous étions près de vous, nous n'avons pu nous entretenir de cette affaire avec vous comme il l'aurait fallu. Mais maintenant que nous avons à supporter chaque jour d'énormes dépenses, nous avons recours à votre dévouement éprouvé, afin qu'avec ce zèle qui vous anime pour notre bien, vous veniez en aide à nos besoins par un secours immédiat. Par quel moyen devrez-vous le faire? Prendrez-vous, pour nous l'envoyer, de l'argent de notre trésor, ou en prendrez-vous du vôtre? C'est ce que votre sagesse saura mieux discerner que nos propres calculs. En effet, tout est réuni entre vos mains : nous avons, dans l'étendue entière du royaume, confié à votre gouvernement et à vos soins toutes espèces de choses, comme si elles vous appartenaient en propre à vous-même! C'est pourquoi votre amitié pourra, sans doute, soit avec nos ressources, soit avec les vôtres, accomplir ce que nous vous demandons, car nos besoins l'exigent impérieusement. »

Quand Louis VII fut arrivé le 4 octobre 1146 à Constantinople, quoique bien accueilli dans la capitale de l'Orient par l'empereur Manuel, qui lui prodiguait la plus grande bienveillance, là il se trouva encore aux prises avec le besoin d'argent; il écrivit de nouveau au régent :

« Nous vous prions, nous vous conjurons, au nom de votre amitié et de la foi que vous nous devez, de recueillir par tous les moyens possibles l'argent qui doit nous être envoyé et de nous le faire tenir sans aucun retard. »

Le manque de ressources dans lequel se trouvait toujours le roi fut une des difficultés de la régence de Suger. Il prit dans le trésor de son abbaye la plus grande partie de ce qui lui fut nécessaire. Il fit en même temps un appel aux évêques et aux abbés du royaume. On inscrivit dans un registre le nom de toutes les églises, en fixant la part personnelle pour laquelle chacune devait contribuer. A l'exemple de

Saint-Denis, elles s'épuisèrent en sacrifices; quelques-unes seulement, comme celles d'Amiens et de Ferrières, se virent obligées de demander grâce pour leur extrême dénûment.

Enfin Suger trouva le moyen de suffire à toutes les dépenses sans que le peuple se plaignît. Et il n'y avait pas que le roi : la reine, les princes s'adressaient également à lui. Il donnait satisfaction à tout le monde, il savait si bien tirer parti de toutes ses ressources, qu'il pouvait encore pourvoir à tous les besoins de l'État. C'est que le régent de France avait été de bonne heure habitué à l'ordre, à l'économie, à la bonne administration. Les fonctions de prévôt qu'il avait exercées à Berneval, à Toury lui avaient appris à tirer parti des plus mauvaises situations. Sa qualité d'abbé de Saint-Denis, sa grande autorité sur l'Église et dans toute la France l'aidaient aussi beaucoup dans l'obligation où il était de faire face à tous les besoins imprévus de la croisade; mais il est facile de comprendre que lui seul pouvait rendre ce service au roi.

Louis VII était arrivé en Bithynie, il avait poursuivi sa marche en Asie Mineure. Sur les bords du Méandre, vers l'embouchure du Lycus, son armée aperçut un corps nombreux d'infidèles qui voulaient lui barrer passage; elle les battit et les força à la retraite. Mais cette victoire fut peut-être la cause de la défaite que l'armée française éprouva le 1er janvier 1148, non loin de la petite ville de Laodicée.

Quelque temps après, le roi écrivit de nouveau à Suger pour lui faire connaître son voyage à travers l'Asie. Il lui raconta les adversités et les souffrances de la route, la perfidie des Grecs, le malheureux combat de Laodicée, l'arrivée des croisés à Attalie, puis à Antioche, et il finissait comme toujours en demandant des secours.

Quand, en France, on connut au moins confusément les désastres des croisés, autant l'enthousiasme avait été grand à la voix de saint Bernard prêchant la croisade, autant la réaction qui s'opéra fut violente et prononcée contre lui. Il ne tarda pas à être attaqué de tous côtés; on le regardait comme la cause de tous les maux, il écrivit au pape pour se disculper.

« Si la grande expédition n'a pas réussi, à qui faut-il imputer ce malheur? N'est-ce pas aux barons et à leurs péchés? Le prédicateur de la croisade peut-il être responsable du mauvais succès d'une entreprise où tant de fautes ont été commises? Ce n'est pas lui qui a mené les chiens en laisse, porté le faucon sur le poing, goûté les plaisirs d'une vie déréglée et allumé ainsi le courroux du ciel. »

La reine elle-même ne donna pas l'exemple de toutes les vertus, elle ajouta beaucoup aux chagrins de Louis VII; sa conduite obligea le roi à quitter clandestinement Antioche. Peu de temps après son départ de cette ville, il entrait à Jérusalem, au milieu des acclamations du peuple, qui était allé au-devant de lui en chantant des cantiques.

A ce moment, Louis VII écrivit à son très cher et fidèle ami Suger pour exprimer publiquement sa reconnaissance envers les chevaliers du Temple et ceux de l'Hôpital, qui l'avaient si fidèlement aidé de leur épée et de leur argent.

Voici sa lettre.

« Louis, par la grâce de Dieu roi des Français et duc d'Aquitaine, à son très cher et fidèle ami Suger, révérendissime abbé de Saint-Denis, salut et amitié.

» Je ne veux pas vous laisser ignorer quel honneur, quels égards et quels secours nous avons reçus, moi et les miens, de la part des pères du Temple, depuis que je suis venu en Orient. Je ne vois pas comment j'aurais pu demeurer, même un instant, dans ce pays, si je n'avais eu, pour m'y soutenir, leur aide et leur appui, qui ne m'ont jamais manqué depuis le premier jour jusqu'au jour présent où cette lettre doit sortir de mes mains. Leur dévouement à cette heure même est encore loin de se démentir. C'est pourquoi, si vous les avez aimés auparavant, je vous prie de les aimer et de les favoriser encore plus, de manière qu'ils reconnaissent que c'est moi qui les ai recommandés près de vous. Je vous fais savoir qu'ils ont emprunté pour mon compte une quantité considérable d'argent et qu'ils en ont pris sur eux la garantie.

» Je dois dégager leur parole et, pour que leur maison ne souffre ni dans sa réputation ni dans ses intérêts, il convient que je ne les fasse pas menteurs et que je ne sois pas trouvé moi-même menteur avec eux. Je vous mande donc avec prière de leur payer sans délai la somme de deux mille marcs d'argent.

» Il faut que vous sachiez que j'ai cru revenir en France dans ce premier passage; mais, voyant l'oppression de l'Église d'Orient et les besoins si grands du pays, touché de compassion et vaincu par les prières de cette Église tout entière, j'ai promis de rester jusqu'après la fête de Pâques, pour un peu la soutenir. »

Louis VII écrivit encore à Suger pour lui demander son avis à l'égard de la reine et sur les mesures qu'il devait prendre. Suivant sa nature impétueuse, le roi était disposé à une rupture ouverte.

Répondre à tous les besoins d'une expédition lointaine au milieu de peuples ennemis et de toutes sortes d'incidents imprévus n'était pas pour Suger un médiocre souci, mais ce n'était cependant pas encore le plus grand. Donner des conseils à un roi trompé par une épouse infidèle, l'apaiser dans sa colère, contenir son ressentiment était une mission non moins difficile. La prévoyance et la sagesse du régent suffirent à cette tâche délicate. Aussi bien sut-il atténuer le mauvais effet que produisaient en France les nouvelles des revers de l'armée, et calmer les plaintes qui s'élevaient de tous côtés. D'autres graves difficultés attendaient Suger. Des croisés allaient rentrer en France l'âme attristée, remplie de déceptions, accusant le roi de tous les revers, et au besoin excitant les esprits, fomentant des discordes à l'intérieur du pays.

CHAPITRE XX

Réforme du chapitre de Sainte-Geneviève de Paris. — Conspiration de Robert, comte de Dreux. — Beaudoin associé à la régence.

Heureusement, dans sa sagesse, Suger n'avait pas conseillé la croisade, il avait, au contraire, fait tous ses efforts pour l'empêcher; on ne pouvait donc lui imputer les tristes conséquences de cette expédition lointaine et hasardeuse. Aussi était-il devenu l'homme en qui la France avait la plus grande confiance. Son jugement avait prévu les revers qui étaient survenus. Sa prudence, son ordre, son économie, avaient su y fa re face sans augmenter les impôts, sans désesp er de la patrie, en montrant toujours, dans toute les affaires, autant de fermeté que de modération.

En 1148, le pape Eugène III, alarmé de la situation religieuse de la France, vint présider à Reims un concile, auquel saint Bernard prit une grande part. On frappa d'anathème les sectaires qui annonçaient l'intention de ramener l'Eglise à la simplicité des apôtres, à la pauvreté évangélique, de ne donner le baptême qu'à l'âge de raison, qui disaient que les papes et les évêques avai nt perdu le pouvoir spirituel en s'immisçant dans les affaires temporelles, etc.

Ce concile condamna à la prison un pauvre fou qui s'imaginait avoir été envoyé sur terre pour juger les vivants et les morts. Le concile jugea aussi un philosophe, Gilbert de la Poirée, évêque de Poitiers, accusé d'hétérodoxie sur la Trinité. Il attribuait aux trois personnes de la Trinité un principe de distinction personnelle, qui semblait compromettre l'unité divine. Gilbert de la Poirée rétracta ses erreurs. Suger fut désigné avec les évêques d'Auxerre et de Boulogne pour porter au pape Eugène la confession de foi écrite de l'évêque de Poitiers.

Le concile de Reims avait en outre publié dix-sept canons touchant différentes matières, entre autres sur la réforme des mœurs ecclésiastiques. De Mesmond rapporte que, dans les discussions qui eurent lieu à ce concile, Suger soutint avec fermeté les droits de l'Eglise gallicane, car, les cardinaux s'étant levés en disant : « Nous avons entendu, demain nous jugerons, » l'abbé de Saint-Denis se hâta de dresser avec saint Bernard la profession de foi de l'Église de France, et la fit signer au pape, puis publier sans attendre la décision du sacré-collège.

Egalement de concert avec saint Bernard, et aussi avec l'archevêque Samson et Suger, le pape proposa plusieurs dispositions relatives à la sécurité générale. L'une d'elles renouvela l'ancien article de la Trêve de Dieu qui interdisait, sous peine d'excommunication, toute violence contre les hommes de la campagne, et plaçait sous la protection de la même loi les instruments et les animaux nécessaires à l'agriculture.

Les tournois étaient devenus très meurtriers; un autre article du concile défendit ces jeux affreux, qui exposaient inutilement la vie des hommes.

On se rappelle qu'avant le départ du roi de France pour la croisade, le chapitre de Sainte-Geneviève de Paris avait causé un grand scandale au sujet de la venue du pape dans l'église. Il avait été résolu entre le pape, le roi et Suger de réformer ce chapitre, chez lequel la discipline s'était considérablement relâchée. Le pape décida plus tard qu'on choisirait douze chanoines de la maison de Saint-Victor, lesquels seraient placés parmi ceux de Sainte-Geneviève, et que tous seraient dirigés par un chanoine de Saint-Victor.

Quand Suger voulut installer ceux de Saint-Victor (24 août), les chanoines de Sainte-Geneviève les reçurent avec force injures et violences. Ils les empêchèrent de célébrer l'office de la nuit, et envoyèrent leurs domestiques briser les portes de l'église et troubler les exercices des religieux.

Cette fois, le régent n'y alla plus de main morte. Il menaça de faire crever les yeux ou de couper les oreilles à quiconque se prêterait à d'indignes manœuvres. Il fit surveiller la nuit, par une compagnie de sergents du roi, les rebelles, avec ordre d'arrêter les perturbateurs et de les mettre aussitôt en prison. Grâce à la fermeté que Suger montra en cette circonstance, tout rentra dans l'ordre.

Des difficultés plus grandes attendaient encore Suger. Les principaux barons qui avaient pris part à la croisade rentraient en France, et parmi eux se trouvait le frère du roi, Robert de Dreux, qui, pendant toute l'expédition, n'avait cessé de se montrer hostile à tous les desseins de Louis VII et qui n'avait trouvé rien mieux, à son arrivée en France, que de se mettre à la tête des mécontents, et d'accuser l'incapacité du roi, de dire qu'il se souciait fort peu de la France, que toutes ses pensées étaient pour la Terre Sainte, qu'il ne fallait plus guère compter sur Louis VII comme roi, espérant ainsi faire tourner les regards vers lui, d'autant plus que ses deux frères étaient entrés dans l'état ecclésiastique. Déjà il prenait des mesures pour s'emparer de quelques places, pour corrompre la fidélité de certains gouverneurs de villes, en un mot il organisait une révolte générale, qui heureusement fut prévenue. Thierri, comte de Flandre, homme de cœur, dévoué à la cause du roi, était de retour dans son domaine ; il avait appris la conspiration de Robert de Dreux, et aussitôt il avait écrit de Flandre à Suger : « Que Robert, pendant le voyage, avait donné beaucoup de mécontentement au roi, qu'ils s'étaient séparés peu satisfaits l'un de l'autre, qu'il eût soin d'entretenir de bonnes garnisons dans les principales villes du royaume et de veiller sur la conduite de ceux à qui il en avait commis la garde ; qu'au reste, s'il arrivait quelque accident, il était prêt, sur le premier ordre, d'aller en personne, avec toute la force de ses États, le secourir et exposer sa vie pour le service du roi, son seigneur, ainsi que doit faire un bon et fidèle vassal. »

Le roi, de son côté, était également averti ; car, au moment où Henri, fils du comte de Champagne, partit pour la France, il lui remit pour son père une lettre dans laquelle il faisait appel à sa fidélité.

« Puisque l'honneur de notre couronne regarde particulièrement votre fidélité, nous prions très instamment, disait-il, votre vaillance d'être plus que jamais attentive à garder notre royaume, afin que la malignité d'hommes pervers ne puisse rien machiner contre notre puissance. »

Le roi avait en outre remis au chancelier Baudouin la lettre suivante pour Suger :

« Nous savons qu'il n'est pas nécessaire d'exciter par des prières l'ardeur de votre zèle pour les choses qui nous concernent, nous et notre royaume. Nous savons et nous sommes bien assuré que vous y veillez attentivement, et que votre vigilance n'a nullement besoin d'exhortation de notre part, ni d'aucune autre. Cependant, comme nous avons différé notre retour après celui de nos barons jusqu'à la fête de Pâques, et que nous redoutons les trames de quelques hommes pervers, nous avons jugé utile de vous écrire, en attendant notre arrivée, afin que vous fassiez encore plus d'efforts pour garder notre royaume, dont le soin vous appartient d'une manière spéciale, et que, par votre habileté accoutumée, vous déconcertiez toutes les trames des méchants, s'ils tentaient quelque chose contre notre couronne.

« Pour nous, avec l'aide du Seigneur, nous nous hâterons de nous mettre en mer après Pâques et de retourner au gouvernement de notre royaume. Nous avons donné gracieusement congé à notre cher et fidèle chancelier Baudouin, que nous avons jugé capable de nous servir utilement en France. Son dévouement éprouvé est d'autant plus digne de notre reconnaissance et mérite d'autant plus l'estime et la considération de tous nos amis, qu'au milieu de nos fatigues et de nos périls sur la terre étrangère il ne nous a jamais fait défaut ; c'est pourquoi nous voulons que le chancelier Baudouin, notre très cher ami, soit appelé par vous dans le règlement des affaires du royaume ; nous voulons que toutes les affaires soient décidées comme elles doivent l'être avec le secours de ses conseils. Vous connaîtrez par son récit tout ce qui a rapport à notre situation. »

Avec les avertissements qu'il avait déjà reçus d'autre part, cette lettre dut causer une grande inquiétude et un profond chagrin à Suger. Il avait l'esprit trop pénétrant pour ne pas comprendre que le roi lui envoyait non pas seulement les conseils de Baudouin, mais un associé à sa régence, et certaines précautions de style laissaient assez pénétrer dans la lettre une défiance dont le régent connut bientôt la cause. Des esprits jaloux, mal intentionnés, l'avaient calomnié auprès du roi. Suger avait trop l'expérience des hommes pour s'arrêter à des calomnies : il redoubla de soins, de zèle ; il avertit le comte de Vermandois, qui avait l'intendance de toutes les affaires de la guerre, de se tenir prêt avec de bonnes troupes ; il accepta les offres du comte de Flandre, le pria d'approcher le plus qu'il pourrait de nos frontières. Pour engager le comte de Champagne à le secourir puissamment en cas de besoin, il écrivit au pape et obtint de lui un ordre adressé à tous les évêques du royaume, par lequel il leur mandait d'excommunier ceux qui troubleraient la paix de l'État, sans aucun égard pour personne. Il changea de place quelques gouverneurs dont la fidélité lui était suspecte, et donna des surveillants à d'autres.

Il prit tant de peine, il travailla si ardemment jour et nuit pour conjurer la guerre civile dont la France était menacée, que sa santé en fut altérée. Aussi il était temps que le roi revînt le relever de ses fonctions, dans lesquelles, malgré tout son dévouement, il eut beaucoup à souffrir de la jalousie. Il ne put s'empêcher d'en écrire au roi et de le supplier de hâter son retour.

« Avec quels soupirs mêlés de larmes nous déplorons la cruelle absence de votre personne, c'est ce que nous ne pouvons pas suffisamment vous exprimer.

« Pour vous parler le langage même de tout votre royaume, je vous demanderai pourquoi, très cher roi et seigneur, vous nous fuyez ainsi. Est-ce que je ne haïssais pas ceux qui vous haïssaient? Est-ce que je ne me consumais pas d'indignation contre vos ennemis?

« Les perturbateurs de votre royaume sont déjà de retour, et vous, qui devez le défendre, vous demeurez en exil comme un captif; vous livrez la brebis au loup, vous exposez votre couronne aux ravisseurs. Nous prions donc Votre Altesse, nous demandons à votre piété, nous conjurons la bonté de votre cœur, nous vous supplions enfin, par cette fidélité qui lie mutuellement le roi et les sujets, de ne pas différer votre retour d'un seul instant après la fête de Pâques, afin que vous ne paraissiez pas aux yeux du Seigneur manquer au serment que vous avez fait en recevant la couronne.

« Nous avons remis, suivant vos ordres, aux pères du Temple l'argent que nous nous disposions à vous envoyer. Le comte Raoul de Vermandois a été remboursé lui-même de tout ce qu'il avait prêté, c'est-à-dire de trois mille livres, moins deux cents.

« Votre terre et ceux qui l'habitent se félicitent avec le secours de Dieu de jouir d'une bonne paix. Dans l'espérance de votre retour, nous mettons en réserve vos droits de justice et de plaids. Nous avons soin de conserver en bon état vos maisons et vos palais et nous faisons réparer ceux qui sont en ruines; le maître seul leur manque présentement.

« Je suis déjà sur le déclin de l'âge, mais tous ces

soins ont encore avancé ma vieillesse, et cependant j'y aurais volontiers consumé toutes mes forces, non par ambition, mais sans aucun autre motif que l'amour de Dieu et l'amour de vous. Pour ce qui regarde la reine Éléonore, je suis d'avis que vous dissimuliez votre mécontentement, si réellement elle vous en cause, jusqu'à ce que, rendu à vos États, vous puissiez tranquillement réfléchir sur ce sujet et sur d'autres encore. »

CHAPITRE XXI

Suger lutte contre les seigneurs rebelles. — Retour du roi. — Suger proclamé Père de la Patrie. — Projet d'une nouvelle croisade. — Réforme de l'abbaye de Saint-Corneille de Compiègne.

Louis VII ne se rendit pas encore aux instances de Suger. Et cependant cette prolongation du séjour du roi en Orient était dangereuse pour la France. Elle donnait de l'audace à Robert de Dreux, qui porta un défi aux amis du roi. Au mois de mars 1149, il se rendit à Clairvaux avec ses partisans, il provoqua à un combat en champ clos Henri, fils de Thibaut, et les principaux seigneurs de la Champagne. Henri accepta de se battre avec Robert.

Saint Bernard avait été averti de ce qui se passait par le frère de Robert, qui était religieux dans son abbaye de Clairvaux, et aussitôt il avait écrit au régent une lettre remarquable, dans laquelle il lui disait :

« Il est temps, et plus nécessaire que jamais que vous vous armiez du glaive spirituel. Les Français sont à peine revenus de Terre Sainte qu'ils commencent à se quereller. Le fils du comte de Champagne et Robert, frère du roi, irrités l'un contre l'autre, sont décidés à s'entr'égorger... Sans se laisser corriger par un coup dont Dieu les a frappés, sans avoir compris les enseignements de l'adversité, ces princes éprouvés par tant de traverses viennent au hasard exciter une conflagration générale, se livrer l'un contre l'autre à une guerre cruelle pendant l'absence du roi, et compromettre ainsi la paix publique, si laborieusement maintenue.

« Vous êtes le chef de ces États, c'est à vous de mettre obstacle aux malheurs qui se préparent, soit par la persuasion si vos paroles sont écoutées, soit par la force si elle est nécessaire. La gloire de votre régence, la tranquillité du royaume, l'intérêt de l'Église vous en font un devoir. »

Également instruit de ce qui se passait, Suger n'avait pas attendu les avis de saint Bernard pour prendre une résolution. Il avait espéré un moment que les deux jeunes princes reviendraient à des sentiments plus raisonnables; mais, voyant qu'ils ne voulaient point tenir compte de ses avis,il leur envoya l'ordre, de la part du roi, de ne point se battre, les menaçant de les mettre en arrêt s'ils refusaient d'obéir. En attendant, il les fit garder à vue, avec ordre de les conduire dans les prisons de Saint-Denis, s'ils faisaient la moindre tentative contraire à l'ordre qu'il leur avait adressé. On ne sait si Robert combattit en personne contre Henri de Champagne, mais, d'après la lettre de ce dernier à Suger, une rencontre aurait eu lieu en champ clos, malgré la défense du régent.

Suger eut l'excellente idée de déclarer l'État en péril, de faire appel à l'Église et à tous les barons fidèles au roi et, par des circulaires expédiées de tous côtés, de les convoquer en assemblée générale le 8 mai à Soissons. Saint Bernard, à qui l'archevêque de Tours communiqua la lettre de convocation que Suger lui avait adressée, applaudit vivement à sa détermination, comme le prouve la lettre qu'il lui envoya et dont voici quelques passages :

« C'est avec une extrême joie que j'ai lu la lettre de Votre Grandeur à l'archevêque de Tours. Que Dieu la comble de ses bénédictions en récompense des soins qu'elle prend de maintenir dans le royaume de notre très glorieux monarque la tranquillité qui allait être troublée sans le prompt et pressant remède qu'elle a employé. Sans doute c'est Dieu lui-même qui lui a inspiré l'heureuse pensée de réunir une assemblée générale, afin que l'univers demeurât persuadé que le roi, en son absence, trouve en vous un ami fidèle, un ministre éclairé, un ferme et solide appui. Vous êtes soutenu par l'Église, qui partage le fardeau qui vous est imposé. Portez résolument le poids de la journée, demeurez à la hauteur du poste éminent où vous êtes placé, usez du pouvoir qui vous a été confié pour attirer à votre régence l'estime et les bénédictions de la postérité la plus reculée. Il importe que l'élite de l'Église ne s'assemble pas sans résultat, et pour cela il faut obtenir de l'assemblée des ordonnances sévères et qui préviennent le retour de semblables entreprises. »

Ce n'était pas seulement dans l'Ile-de-France que Suger avait à lutter contre des seigneurs rebelles. Dans le Midi, Pierre, sire de Béarn et de Gavarnie, donnait aussi le signal de la révolte; le chancelier Quercina, toujours en possession de la grande prévôté de Bourges et de la garde de la Grosse-Tour, levait des impôts excessifs dans sa province, et il avait forcé l'archevêque Pierre de remettre la tour de Saint-Palais entre les mains d'un jeune seigneur nommé Renaud de Cracy, qui lui était dévoué.

Dans le Poitou, le sire de Taillebourg, Geoffroy de Rancogne, revenu de Terre Sainte avec l'autorisation du roi de lever les aides et les tailles de la province pour rembourser une partie des sommes empruntées aux Templiers, abusait singulièrement de l'autorisation qui lui avait été donnée.

Le chancelier de Quercina et le sire de Taillebourg étaient dans les meilleurs termes avec Louis VII et ils en profitèrent d'autant plus pour lutter contre le régent, qu'ils savaient sans doute que les calomnies avaient réussi à ébranler la confiance du roi en son fidèle Suger.

Heureusement, le sage ministre était en mesure de leur tenir tête. Il pouvait acquitter toutes les dettes de l'État, il n'avait pas besoin des aides de Taillebourg et il n'entendait pas que son autorité fût méconnue. Il ordonna aux prévôts du Poitou de ne point remettre l'argent de l'État au sire de Taillebourg, il dit à Quercina de remettre la tour de Bourges à un chevalier nommé Guy de Herembrach et de faire réintégrer celle de Saint-Palais entre les mains de l'archevêque.

En présence de ces actes, Suger montra beaucoup de vigueur. Il crut pouvoir s'adresser en toute confiance à l'archevêque Pierre de Bourges, primat du Berry, autrefois persécuté par Louis VII, et lui dit de convoquer aussitôt à Limoges les évêques de cette province. Il envoya en même temps des instructions à l'archevêque de Bordeaux, lui rappela que nul autre que le régent n'avait le droit de commander dans le royaume et qu'il viendrait avec le comte de Vermandois examiner la situation de la Guyenne et prendre les mesures nécessaires à la paix publique.

Les évêques se réunirent à Limoges, ils promirent fidélité à la cause du roi et s'engagèrent à réunir un concile qui devait produire dans les provinces du Midi les mêmes effets que celui de Soissons dans celles du Nord.

Geoffroy de Rancogne écrivit à Suger, protestant de son dévouement. Le sire de Taillebourg parut se soumettre, mais Quercina refusait toujours de reconnaître l'autorité du régent. Suger lui réitéra l'ordre de remettre la tour de Bourges aux mains du sire de Herembrach ; de même Renaud de Cracy fut invité à rendre Saint-Palais à l'archevêque. Cette fois Quercina eut recours à un stratagème pour échapper à l'obéissance.

Il savait que Rotrou, comte du Perche, aspirait à se saisir du Berry ; il lui écrivit cette singulière lettre :

« Nous vous prions de dire au comte de Vermandois, qui est votre ami, de m'envoyer un ordre revêtu de son sceau et dans lequel il soit écrit : « Moi le comte Raoul, je vous ordonne à vous, Quercina, de ne rendre la tour de Bourges à qui que ce soit, si ce n'est à moi ou à mes gens. » Du reste, ajoutait-il, sachez que vous êtes de mes amis et que la ville de Bourges est à vous, si vous voulez nous rendre ce service et nous bien soutenir. »

Le comte de Vermandois se laissa aller et céda aux instances de Quercina : ce qui encouragea Renaud de Cracy à lui demander la même faveur. Cette fois Suger fit sentir au comte de Vermandois tout l'énergie de son caractère, tout le poids de son autorité ; il lui adressa l'ordre suivant :

« Le jeune Renaud de Cracy court en ce moment vers Paris vous demander une injustice contre l'archevêque de Bourges, à qui doit appartenir la tour de Saint-Palais dont il était investi au moment du départ du roi pour Jérusalem. Mais nous, suivant ce que la justice commande, nous avons ordonné que l'archevêque en fût de nouveau investi. C'est une résolution que nous ne changerons pour aucun motif quel qu'il soit, et nous voulons que, de votre côté, vous ordonniez la même chose. Nous avons envoyé Guy de Herambrach pour fortifier et garder sa tour de Bourges, mais nous faisons savoir à votre amitié que les prévôts de cette ville et Quercina ont refusé de la lui remettre, bien qu'après notre entrevue avec vous, nous ayons réitéré nos commandements à ce sujet. C'est pourquoi nous voulons que vous donniez le même ordre que nous et que cet ordre soit transmis à l'heure même par le présent messager. »

Joignant les faits aux paroles, le régent envoya à Bourges Guy de Herembrach à la tête d'une troupe nombreuse de chevaliers; il ordonna en même temps à l'archevêque d'aller à la tête de la milice communale attaquer Renaud de Cracy dans sa tour, s'il s'obstinait encore à ne pas la rendre. A la vue de ce déploiement de forces, Quercina abandonna le château de Bourges, et Renaud de Cracy remit Saint-Palais aux hommes de l'archevêque. L'assemblée convoquée à Soissons pour le 8 mai n'avait pu se réunir, et Suger l'avait remise au 4 du mois d'août. Il profita de ce laps de temps pour écrire au pape Eugène III et lui réclamer son appui. Le 8 juillet, le pape lui répondit de Frascati, l'exhorta à persévérer dans ses résolutions et il lui annonça que lui-même, en sa qualité de protecteur spécial de la couronne de Louis pendant la croisade, venait de donner à l'Église de France l'ordre de frapper d'excommunication quiconque ne déposerait pas à l'instant l'arme de la guerre civile.

Enfin, le 4 août, l'assemblée des évêques et des barons de France se réunit dans la ville de Soissons. A leur tête parut le régent, avec sa robe d'abbé; les ans et les travaux avaient blanchi ses cheveux, mais sans lui rien ôter de sa vigueur. Il fit donner lecture des lettres du saint-siège, et l'excommunication fut ensuite prononcée contre tous ceux qui oseraient dès ce jour troubler la paix publique. Puis il déclara à l'assemblée qu'il était prêt à donner sa vie pour conserver la couronne au roi qui lui avait fait l'honneur de lui remettre l'autorité pendant son absence. Il déclara qu'en toute circonstance il ne s'occuperait que de remplir son devoir, sans se soucier des récriminations et des menaces. Ce ferme langage fit une profonde impression sur l'assemblée. Les grands vassaux, et d'abord les comtes de Flandre et de Champagne, prirent à leur tour la parole pour déclarer que leur bras était au service du régent et qu'il ne lui ferait pas défaut pour punir les coupables, et ils renouvelèrent le serment de fidélité qu'ils avaient déjà juré au roi.

Le comte de Dreux voulut dire quelque chose, mais c'est à peine si quelques personnes dans l'assemblée osèrent se déclarer pour lui. Suger, voyant cet abandon, en profita pour faire ressortir tous les torts du comte de Dreux et dire ce qu'il y avait surtout de blâmable dans sa conduite à l'égard du roi son frère. Robert fut tellement accablé par Suger, qu'il vint solliciter son pardon à ses pieds et lui prêter un serment solennel d'obéissance à l'autorité royale; il jura de ne plus rien attenter ni contre les droits de la couronne, ni contre la paix publique.

Le succès de Suger en cette circonstance fut tel, que l'autorité souveraine qui lui avait été donnée lui fut de nouveau confirmée au nom des États.

Onze jours plus tard, le 15 août, eut lieu à Manson, en Gascogne, le concile ordonné par Pierre de Bourges et par l'archevêque de Bordeaux. Le vicomte de Béarn et de Gavarnie y comparut; on lui donna lecture des lettres du pape qui prononçaient son excommunication s'il n'abandonnait à l'instant même le château royal de Dax, qu'il tenait assiégé. On lui communiqua aussi les ordres sévères du régent. Pierre de Béarn fit acte d'entière soumission; la Guyenne fut pacifiée. Néanmoins le régent fit ajouter de nouveaux édifices à la grosse tour de Bordeaux et y plaça des hommes sur lesquels on pouvait compter. Ainsi la paix fut obtenue sans effusion de sang.

Le succès de Suger aux états généraux de Soissons, et son énergie contre le frère du roi, contre le chancelier Quercina, contre le sire de Taillebourg, contre Renaud de Cracy, Raoul de Vermandois et Pierre de Béarn, qui tous avaient été obligés de s'incliner devant son autorité, avaient excité encore la haine contre le régent, contre ce moine de chétive apparence, déjà âgé et qu'on n'eût pas soupçonné capable de tant de fermeté, de vigilance et en même temps de dévouement au roi et à la France. Ceux qui n'avaient pu lui résister avaient résolu de le perdre complètement. Ils avaient interprété contre lui les démêlés qu'il avait eus avec les seigneurs rebelles et avaient fait de l'état de la France un tableau déplorable. Louis VII avait éprouvé dans son voyage tant de trahisons, qu'il eut la faiblesse de douter un moment de l'homme qui avait employé toute son intelligence et toutes ses forces à défendre ses intérêts. Heureusement le roi allait bientôt revenir en France et juger les choses par lui-même. Avant son retour, il se rendit à Frascati, où le pape Eugène III l'attendait. Le roi de France trouva dans le pontife un juste appréciateur des services que Suger lui avait rendus pendant son absence; il lui dit tout ce qu'il avait apporté de sagesse, de courage, de fidélité dans son administration, comment, à force de fermeté et de prudence, il avait su déjouer les ligues féodales et fait régner partout l'ordre et l'économie, tout en donnant satisfaction aux incessantes demandes d'argent dont il avait été accablé. Le pape affirma à Louis VII qu'il allait retrouver son royaume, contrairement à ce qu'on lui avait dit, riche, paisible et florissant.

Le roi fut très heureux de ces renseignements et, avant de rentrer, il voulut témoigner au régent sa satisfaction et lui écrivit : « Notre santé est dans un état prospère et nous nous hâtons à revenir sain et sauf vers vous ; nous vous mandons de venir sans retard à notre rencontre un jour avant nos autres amis et en secret. Ayant reçu, en effet, sur l'état de notre royaume une foule de bruits différents, et ne sachant pas ce qu'il y a de certain à cet égard, nous voulons apprendre de vous-même comment nous devons agir envers chacun, et contre qui nous devons nous tenir en garde, et que ceci se fasse avec tant de secret, que nul autre que vous-même ne soit instruit de ce que renferme la présente lettre. »

Certains historiens rapportent que cette entrevue eut lieu à Cluny. Dom Gervaise raconte que l'abbé de ce monastère, ayant appris que le roi reviendrait par Lyon, écrivit à Suger de venir le recevoir dans son abbaye, qu'il ne pouvait choisir un endroit plus convenable. Mais, soit que le régent voulût tenir son voyage secret comme le roi le lui avait demandé, soit qu'il eût des raisons particulières pour ne pas aller si loin, le rendez-vous n'eut pas lieu à Cluny. Le roi arriva à Paris au commencement de novembre 1149, après une absence de deux ans et quatre mois. La France était tranquille et la fidélité des vassaux généralement assurée ; le trésor était pourvu, les maisons royales remises à neuf regorgeaient de provisions, chaque forteresse était réparée solidement et bien gardée. Suger voulut en outre présenter au roi un tableau exact de la situation de son royaume : de concert avec Raoul, il manda à Paris les sénéchaux et prévôts et autres officiers publics pour entendre leurs rapports et dresser ensuite un compte général qui serait mis sous les yeux du monarque. Louis VII qui, un instant, avait douté de Suger, fut tellement heureux de retrouver la France si prospère, que, lorsqu'il reparut au milieu du peuple français avec Suger à ses côtés, il lui donna publiquement le titre de *Père de la Patrie*. Ce titre fut ratifié par tous les Français.

Suger fut ainsi noblement récompensé de toutes ses peines. Son plus grand bonheur fut d'être déchargé de la lourde responsabilité dont le roi l'avait investi ; mais quoique n'étant plus régent, il n'en conserva pas moins toute l'autorité ; tout passa par ses mains. La paix, la guerre, les traités, les alliances, les affaires ecclésiastiques, civiles, financières ou autres lui étaient remises par le roi. Du reste Louis VII ne lui avait-il pas dit : « Ma volonté, c'est la vôtre. Je m'en reposerai toujours sur vous en toutes circonstances. On en était si persuadé, que pour toutes les affaires sérieuses on s'adressait à Suger, convaincu que ce qu'il déciderait serait accepté par le roi. Cependant Louis VII ne tint pas toujours la parole qu'il avait donnée.

Geoffroy d'Anjou et son fils Henri s'efforçaient en ce moment de ressaisir la couronne que les Anglais avaient transportée de la tête de Mathilde sur celle d'Étienne de Blois, comte de Boulogne, l'un des petits-fils de Guillaume le Conquérant. Le roi de France entra au mois de mars 1154 dans le duché de Normandie et il ne tarda pas à le mettre en la possession de Geoffroy d'Anjou ; mais, en retour, il demanda et obtint la cession entière du Vexin normand, qui comprenait Gisors, les Andelys, Libons, Gournay et tout le canton entre l'Epte et l'Andelle. Ainsi la Normandie fut entamée pour la première fois.

Vers la même époque, Suger reçut du patriarche d'Antioche et du roi de Jérusalem Baudouin III des lettres dans lesquelles on lui demandait de nouveaux secours pour l'Orient. Le roi de Jérusalem et les chevaliers du Temple étaient assiégés dans Antioche, et, sans un prompt secours, ils allaient infailliblement, avec tous les chrétiens de la ville, tomber aux mains des infidèles.

Suger et Louis VII ne furent point indifférents à cet appel ; ils résolurent de faire une première réunion dans la ville de Laon. On y parla d'entreprendre une nouvelle croisade. Suger comptait la diriger lui-même et éviter toutes les fautes qui avaient été commises dans la dernière expédition. Il fit part de son projet au pape, qui considéra d'abord cette entreprise comme très périlleuse, estimant comme une chose impossible qu'à son âge il pût résister aux fatigues d'un si long et si pénible voyage. Néanmoins il promit son appui si l'entreprise, après avoir été examinée et mûrie avec soin, était reconnue possible.

Suger invita les évêques et les abbés à se rendre à Chartres le 21 avril 1150. L'invitation fut accueillie froidement ; néanmoins la réunion eut lieu, en présence du roi, de Suger et de saint Bernard. Ce dernier fut désigné pour conduire l'armée en Terre Sainte, mais il refusa.

Suger, voyant qu'on ne répondait pas suffisamment à son appel, résolut d'entreprendre seul la croisade.

D'abord il n'avait dessein que de lever dix ou douze mille hommes, mais tous gens choisis et des plus vaillants qu'il pourrait trouver dans le royaume et dans les États voisins, persuadé qu'avec une petite armée d'élite il devait mieux réussir en la conduisant droit par la mer à Saint-Jean-d'Acre sur les vaisseaux que le roi de Sicile, son ami, lui offrait afin d'éviter la perfidie des Grecs. Suger avait compris la valeur d'une armée régulière : des troupes moins nombreuses seraient moins onéreuses que ces innombrables armées de Croisés, qui comptaient plus de bouches inutiles que de combattants, plus de pèlerins que de soldats, presque autant de femmes que d'hommes.

On s'étonnera sans doute qu'un particulier ait été assez puissant pour former une pareille entreprise et assez riche pour fournir à de si grandes dépenses, qui semblent ne pouvoir convenir qu'à un souverain. La surprise augmentera encore quand on saura qu'il avait déjà envoyé par les chevaliers du Temple des sommes d'argent suffisantes pour subvenir aux plus pressants besoins de cet État opprimé. Si de plus on vient à réfléchir que toute sa vie Suger avait fait des dépenses de roi pour bâtir et orner son église, rétablir son abbaye, et remettre sur pied une nfinité de monastères qui dépendaient de Saint-Denis, on sera obligé d'avouer que les richesses de l'abbé Suger égalaient au moins, si elles ne surpassaient celles du roi.

Cette opulence venait des revenus de l'abbaye, qui étaient importants et qui s'étaient beaucoup accrus par son ordre et son économie.

Les oblations des fidèles étaient une autre source de grandes richesses. Non seulement de toutes les provinces du royaume, mais encore des États circonvoisins on venait au Tombeau de Saint-Denis, on y faisait de nombreuses offrandes. Ajoutez à cela les dons et les prières des rois, des princes et des évêques, les testaments de ceux qui s'y faisaient enterrer.

Il faut également remarquer que les grandes charges exercées par Suger, celle de ministre d'État, de chef de la justice, d'intendant des finances, de régent du royaume l'avaient également enrichi.

Le grand maître des Templiers, Evrard des Barres, en reconnaissance des nombreux services de l'abbé de Saint-Denis envers l'ordre, lui donna une maison située aux environs de Liège, à côté d'une terre qui appartenait à Saint-Denis. Evrard ne voulait pas vendre ce bien à des gens qui auraient pu inquiéter la possession et les hommes de Saint-Denis, « parce que, disait-il dans l'acte de donation, l'abbé montre pour nous et pour tout ce qui tient à nous une amitié singulière, qu'il accroît chaque jour notre puissance et qu'il nous aide dans nos affaires avec autant de zèle que si elles étaient les siennes propres ».

Si les chevaliers du Temple montraient de si excellentes dispositions en faveur de Suger, l'abbé de Saint-Denis ne trouvait pas toujours dans l'Eglise les mêmes sentiments de respect. La corruption régnait encore dans certains monastères et entre autres dans l'antique abbaye de Saint-Corneille de Compiègne, qui relevait immédiatement du saint-siège.

Eugène III voulait réformer cette abbaye; mais l'entreprise n'était pas facile, car l'abbé était le frère du roi. On trouva en effet une résistance beaucoup plus grande encore que celle qu'on avait rencontrée lors de la réforme de l'église Sainte-Geneviève. Il fallut non seulement l'intervention de Suger, de l'évêque de Noyon, mais aussi celle du roi. Après avoir bien étudié l'affaire avec l'évêque de Noyon et s'être assuré de l'appui de Louis VII, Suger vit que toute tentative de réforme ne réussirait pas, que le seul remède était de chasser les chanoines et de leur substituer de saints religieux.

Mais quand on voulut exécuter ce dessein, on trouva une grande résistance, et à peine les anciens chanoines furent-ils expulsés, qu'avec leur abbé Philippe de France à leur tête ils vinrent à mains armées piller l'église. Ayant oublié de s'emparer de la couronne et de la tunique du Christ, reliques qui attiraient les pèlerins et produisaient un beau revenu, ils revinrent pour s'en emparer; mais cette fois la population de Compiègne prit les armes, assiégea l'église et en chassa honteusement les chanoines rebelles.

Philippe de France se plaignit au roi de la conduite des habitants de Compiègne, mais Louis VII, instruit de tout ce qui s'était passé, reprocha au contraire à son frère l'indignité de sa conduite, lui déclara que les coupables étaient les chanoines et qu'ils seraient punis. En effet il fit saisir leur temporel et obtint du comte de Champagne et du comte de Vermandois, sur les terres desquels une grande partie de leurs biens était située, qu'ils prendraient la même mesure. Les nouveaux religieux de Saint-Corneille et leur abbé Eudes de Deuil furent ainsi mis en possession de toutes les propriétés de l'abbaye.

CHAPITRE XXII

Suger pacificateur de la France. — Sa maladie. — Lettre de saint Bernard. — Sa mort.

Après avoir été le grand pacificateur de la France, Suger devint celui de deux empires et de trois royaumes. Conrad, empereur d'Allemagne, et Manuel, son beau-frère, empereur de Constantinople, s'étaient unis par la plus étroite amitié dans le but de combattre l'influence de Roger, roi des Deux-Siciles, Normand d'origine, qui s'était toujours montré allié fidèle de la France. De plus, l'empereur de Constantinople était parvenu à réveiller dans l'esprit de Conrad les préventions et les défiances de la maison de Souabe contre l'autorité de la cour de Rome. Les Grecs entretenaient à Rome, dans le sein de la magistrature municipale, un parti puissant; aussi le pape Eugène III croyait-il découvrir, sous la récente alliance de Manuel et de Conrad non se .lement l'intention de garantir leur sûreté mutuelle, mais encore de secrets complots contre la puissance pontificale. Louis VII avait un double motif pour soutenir Roger contre ses ennemis et ceux du saint-siège. La guerre allait éclater. Fort heureusement l'Allemagne possédait un homme qui pouvait être comparé à Suger pour son intelligence, sa sagesse, qui, lui aussi, avait été en quelque sorte régent de l'Allemagne pendant la croisade. C'était Wibaud, abbé du monastère de Corbie en Saxe. Suger et Wibaud, tous deux abbés, tous deux régents, hommes politiques, tous deux dévoués à leur souverain et à l'Église, étaient faits pour s'entendre et pour conseiller la paix.

L'abbé de Corbie sut détruire dans l'esprit de Conrad les mauvaises dispositions que lui avaient inspirées les Grecs à l'égard du saint-siége. Suivant son ordre, il se rendit en Italie pour transmettre lui-même au pape les sentiments de l'empereur et traiter de la paix entre la Grèce et les Deux-Siciles.

De son côté, Suger persuadait à Louis VII qu'il valait mieux oublier les perfidies imputées aux Grecs que de précipiter la France avec trois autres nations dans une lutte sanglante. Il fit donner à Conrad et à Manuel de formelles assurances sur les intentions pacifiques de la France, et sut également satisfaire Roger. Plusieurs conditions avantageuses furent stipulées en sa faveur, si bien que, lorsqu'il apprit que l'abbé de Saint-Denis se disposait à partir pour la Terre Sainte, il se prépara aussitôt à venir à sa rencontre et à lui offrir tous les secours dont il aurait besoin pour son voyage.

Et, comme l'a fait observer Huguenin, si l'on se rappelle que le roi d'Angleterre Étienne avait dû naguère à Suger la tranquille possession de sa couronne, il faudra reconnaître que l'abbé de Saint-Denis venait de partager avec celui de Corbie la gloire de rendre la paix à deux empires et à trois royaumes.

Tant de services rendus à son pays devaient bien suffire à sa gloire. Mais la pensée de terminer sa carrière pour la gloire de Dieu occupait toute sa pensée, et, malgré ses soixante-dix ans, il se croyait encore assez de vigueur pour entreprendre utilement une croisade qu'il espérait mener à bonne fin avec une armée régulière, disciplinée, et toutes les ressources d'argent nécessaires pour que rien ne lui manquât. Avant de partir, Suger voulut faire un pèlerinage au tombeau de saint Martin de Tours, protecteur des Gaules. Au retour de ce pèlerinage, il fut pris d'une fièvre légère, qu'il négligea d'abord, mais qui ne tarda pas à l'abattre et à le forcer de se mettre au lit. Alors il fit venir le plus habile et le plus expérimenté des capitaines de son armée et, après lui avoir donné toutes les instructions nécessaires, il lui confia le soin de diriger la croisade à sa place et lui assura tous les fonds nécessaires à cette expédition. Puis il rassembla tous ses religieux autour de lui, leur fit une exhortation touchante, leur demanda de lui pardonner ses fautes, ses rigueurs, et leur recommanda la paix et l'union, ainsi que l'observation exacte de la règle monastique. Il y avait quelques religieux en disgrâce, il les rétablit dans leurs offices, voulant que son monastère fût à sa mort, comme il avait toujours été durant sa vie, un séjour de paix et de tranquillité, où tous vivaient contents de leur état. Voyant son mal s'aggraver et désirant voir saint Bernard, il lui écrivit à ce sujet. L'abbé de Clairvaux ne pouvant se rendre à son désir lui renvoya une lettre pleine d'affectueuses consolations, dans laquelle il lui disait :

« Je souhaite de toute la ferveur de mon âme, mon très cher ami, vous voir en ce moment, afin que votre dernière bénédiction descende sur moi. Mais comme nul de nous ne dispose de soi, peut-être ne pourrais-je pas venir. Du moins je puis assurer, quoi qu'il arrive, que je vous ai toujours aimé et que je vous aimerai toujours. Je le dis avec confiance, je ne puis perdre celui que j'aime d'un amour éternel. Vous ne périssez pas pour moi, vous ne faites que me devancer, vous dont l'âme est attachée à la mienne par un lien qui ne sera pas rompu. Quand il me serait interdit de vous voir, ne croyez pas que votre douce mémoire s'efface jamais de ma pensée. » Suger avait fait également appeler Thibaut, évêque de Senlis; Baudouin, évêque de Noyon, et son fidèle ami Joslen, évêque de Soissons, pour l'assister durant ses derniers moments; et après quatre mois de maladie, le 13 janvier 1152, l'abbé de Saint-Denis, âgé de soixante-dix ans, termina sa glorieuse carrière.

Louis VII était à Limoges ; aussitôt qu'il eut appris l'état désespéré de son cher ministre, il se hâta de revenir vers lui, mais il ne put arriver assez tôt pour le voir vivant. Il se rendit à Saint-Denis, suivi des seigneurs de la cour. En voyant les restes de l'homme qui lui avait été si dévoué, il ne put retenir ses larmes. Ses funérailles furent faites aux frais du roi, qui y assista, ainsi que six évêques, le grand maître du Temple et plusieurs chevaliers de son ordre. Tous lui rendirent les derniers devoirs avec les marques d'honneur dues à sa dignité et à son mérite.

La France entière regretta celui qui avait si bien mérité le titre de Père de la Patrie.

FIN

TABLE DES MATIÈRES

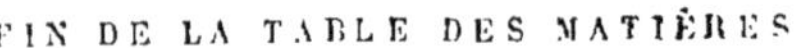

FIN DE LA TABLE DES MATIÈRES

Imprimeries réunies, B.

Imprimeries réunies, B.

www.ingramcontent.com/pod-product-compliance
Ingram Content Group UK Ltd.
Pitfield, Milton Keynes, MK11 3LW, UK
UKHW020245250726
13967UKWH00004B/1523